耳の聞こえない私が講演をする理由

——心の声を聴きたい、伝えたい

松橋英司

なぜ私は、耳が聞こえないという人生を背負ったのか。
その意味を深く尋《たず》ね、
聞こえない人生を背負ったがゆえに
抱《いだ》かざるを得なかった心の痛みが癒《いや》されました。
その痛みの奥にあった、
耳が聞こえないからこそ果《は》たしたかった願い——。
その願いを思い出し、生きる道へと誘《いざな》われたのです。

耳の聞こえない私が講演をする理由

——心の声を聴きたい、伝えたい

はじめに

私は聴覚障害者です。

しかし、生まれながらにして耳が聞こえないのではありません。生後3カ月、病による高熱で命が危《あや》ぶまれたとき、お医者様は私の父にこう言ったそうです。

「この子の病を治すためには、ストレプトマイシンという薬を使わなければなりません。でも、その薬を使うと聴力を失うことになるかもしれません」

後年、父は、「あの選択はつらかった。しかし、それ以外の選択はなかったし、その条件も含めて神様から私たちにこの子を与えられたのだと思った」と話してくれたことがあります。

私の幼い頃の記憶をたどってみると――

周りに人が動いている。

車、電車、自転車。

そして、常に人々が忙《いそが》しそうに行き交《か》い、また、お互いに口を開けて何やらパクパクしている姿。うれしそうな顔、怖そうな顔、苦しそうな顔、悲しそうな顔……。

電車の中でイヤホンを耳に入れて身体を動かしている人。

電車に乗っていると、突然、人々が次々に下車してゆく。でも何のことかわからない。誰《だれ》も教えてくれない。

また、テレビを見て笑ったり、泣いたり、深刻な顔をしたり……でも私がいるのはシーンと静まり返った世界——。

静けさの中に住む住人。世界と自分を結ぶ手段として存在している「言葉」というものがわからない。物はただ物でしかない。

食べ物を見てもそれが空腹を満たすものであることはわからない。

また、空腹と食べ物が結びついたとしても、食べてはいけないものと、よいものの区別がつかない。

他人のものと自分のものの区別がわからず、仏壇《ぶつだん》のお供《そな》え物でも、お店の売り物でも、手にして空腹を満たそうとしてしまう。

空腹という欲求は即行動となり、世の中のルールや常識は言葉で教えてもらわない限り、知る術《すべ》はない。……

聴覚障害者が生きているのは無音の世界です。

自分から世界に触《ふ》れてゆこうとしない限り、孤独で一人ぼっちの世界で生きるしかありません。

お腹がすいても、体調が悪くなっても、苦しい、悲しい、寂《さび》しい……そのすべての感覚や感情を伝える術がないのは、とてもつらいことです。

幼い頃、母は私を、親戚《しんせき》の家や母の友人の家に連れて行ってくれました。

そんなとき、母が相手の方と話をしている間中、一人遊びをして何時間も待ち続ける……。そんな体験を数え切れないほどしてきました。

聞こえないために、言葉にしがたいほどの寂しい想いや口惜《くちお》しい想い、どんなに夢を描いても、聞こえないという条件の中では絶対に叶《かな》うことのない現実を思い知らされる悲しみ。

「ああ、この耳さえ聞こえていたら……」と、聞こえぬ耳を何度恨《うら》めしく思ったことでしょうか。

そして、聞こえないがゆえに「できない」ことが多くなると、「私は耳が聞こえないからダメな人間なんだ。どうせ私はバカにされる」と卑屈《ひくつ》な想いやニヒリズムに陥《おちい》り、自信を失って、消極的な生き方をしてきました。

また、常に他人の目が気になり、周りの言動に目を光らせては「耳が聞こえない俺《おれ》をバカにするな！　いつか見返してやる」と攻撃的・批判的な想いにもなりました。

同時に、耳が聞こえない私のことを不憫《ふびん》に思った両親や周りの人たちから大切にされると、「できなくても誰《だれ》かが何とかしてくれる」と、まるで温室にいるような依存心もつくってきました。


私は、現在も無音の世界に生きています。耳はまったく聞こえません。

自分自身が話す声も聞こえず、どう発音しているのかもわかりません。

しかし――。今、私は言葉を語れるようになり、自分の想いを伝えることができるようになりました。

人の話す言葉や人の気持ちを、以前よりもずっと深く理解できるようになりました。

そして、歯科技工士として仕事をしながら、母校で後輩に歯科技工の技術を教えることができるようになりました。

さらに、全国の多くの学校や企業、各種団体などで、これまでに90回を超える講演を行い、1万2000名以上の方々にお聴きいただきました。

生後3カ月で聴覚に障害を抱《いだ》き、まったく耳が聞こえない私が、自分の言葉で皆様にお話ししていることも、考えてみれば不思議なことです。

そればかりではありません。

なぜ私は、耳が聞こえないという人生を背負ったのか。

その意味を深く尋《たず》ね、聞こえない人生を背負ったがゆえに抱かざるを得なかった心の痛みが癒《いや》されました。

その痛みの奥にあった、耳が聞こえないからこそ果《は》たしたかった願い――。

その願いを思い出し、生きる道へと誘《いざな》われたのです。

そして、初めて知ったのです。

私がこの聞こえない人生で一番つらかったのは、自分の内側にある願いを引き出す術《すべ》がわからなかったこと、それを伝える術がなかったことだということを——。

さらに、耳が聞こえないということは、願いを生きるための「条件」に過ぎなかったということを、心の底から実感できるようになったのです。


なぜ私に、そのような変化が起こったのか。

耳が聞こえないというハンディを背負い、ただその重さに耐《た》えるだけの人生を送っていても不思議ではなかったのに、想像もしなかった新しい人生と新しい仕事が開かれたのはなぜなのか。

この本で、ぜひそのことをお話しさせていただきたいと思います。

私と同じように障害を持つ皆様、そして、障害を持ったお子さんのご家族の皆様、さらに多くの痛みや悲しみを抱《かか》えて生きる皆様の人生の道ゆきを照《て》らす一助《いちじょ》となりますことを心より願っています。

松橋英司

2015年3月

目次

1

音のない世界に投げ出されて

「こうだったから、こうなってしまった人生」からの出発

誕生——両親の期待と希望を一身に受けて

私は、1955（昭和30）年3月2日、北海道函館《はこだて》市で、父松橋信光《のぶみつ》、母幸子《さちこ》の次男として生まれました。生家は、函館山の麓《ふもと》、ハリストス正教会や元町カトリック教会の隣《となり》にありました。と言っても、私がそこで過ごしたのは生後3カ月という短い期間です。

父方の先祖の地は秋田県角館《かくのだて》です。北海道に縁ができたのは、父の祖父、私にとって曽祖父である重吉という人が、1879（明治12）年、29歳のときに、祖父吉之助（当時5歳）を始めとする一家を引き連れて北海道へ移り住んだことによります。

祖父には多少の商才があったらしく、小さな会社を興《おこ》し、かなりの富を得て、立派な家屋敷《いえやしき》を持つまでになりました。

しかし、祖父は、利益を求めるだけでなく、かつて苦学した経験から、「人生とは何なのか」という疑問を持ち、それを探求する道を歩んだ人でもありました。

父の母親、私にとって祖母にあたる人はウメといい、20歳のときに、親子ほど年の離れた吉之助と結婚しました。しかし、祖母は苦労の末に糖尿病を患《わずら》い、そこから来た合併症によって失明、55歳でこの世を去りました。

そのような吉之助とウメの元に、父は7人兄弟《きょうだい》の4男として生まれました。

父は学力優秀な子どもだったようですが、19歳のときに腹膜炎に罹《かか》り入院。戦争に行くことができず、それが父の人生にとって第1の挫折《ざせつ》になったようです。

父は、次兄の友人の勧《すす》めで警察官になり、北海道警察始まって以来の逸材《いつざい》として将来を嘱望《しょくぼう》されました。札幌、函館、旭川に勤務した後、東京の警察大学校で勉強し、また科学警察研究所、警察庁、さらに仙台にある東北管区警察局、山梨県警の警務部長を歴任して退官しました。

一方、母幸子の両親は新潟を郷里とし、早くからの許嫁《いいなずけ》同士、従兄妹《いとこ》同士の結婚でした。

祖父定平の母と、祖母イツの父は兄妹で、弥彦《やひこ》村近くの18代続いた旧家に生まれました。明治の終わり頃、家は没落し、一族は北海道に移り住むことになりました。

1929(昭和4)年と言えば歴史的な不況で、「大学は出たけれど……」という時代でしたから、当然働き口はなく、祖父定平は、ほんの腰掛けのつもりで警察官になったということです。

そんな不安定な中で母幸子は生まれました。「幸子《さちこ》」と名づけられたことに、当時の祖父母の状況や願いを窺《うかが》い知ることができる気がします。

両親は、母の父親である祖父定平が、父を見込んで幸子と見合いをさせて、結婚にこぎつけたのでした。

両親は、母が住んでいた函館で生活を始めました。

結婚した翌年、兄の信一が生まれました。兄が生まれてしばらく後、父は結核に罹り、両肺をやられて医者から再起不能と言い渡され、第2の挫折を味わうことになりました。しかし、2年間の療養生活の後に、何とか復帰することができました。

当時、母の体重は38キロしかなく、幼い兄を背負いながらの病院通いはさぞ大変だったろうと思います。

兄が生まれた4年後、私が生まれました。父の長い闘病生活、その苦難の道のりの後に生まれてきた私を、両親はどれほど喜んでくれたことかと思います。

母は後年、このように語ってくれたことがありました。

「お前は3800グラムもある元気な赤ちゃんでね、お兄ちゃんよりも大きな産声《うぶごえ》をあげたんだよ」

そして、「丈夫で可愛い子でありますように……」という両親の期待と希望を一身に受けて、私の人生は始まりました。

しかし、この後まもなく音のない世界に投げ出されるとは、神ならぬ身の知る由《よし》もないことでした。

罹患《りかん》――結核性髄膜炎《ずいまくえん》で危篤《きとく》に

生後3カ月になったばかりの私と4歳になった兄信一を連れた母が、実家のある旭川に里帰りしたときのことです。

ある日、私は高熱を出して、近くのお医者様に往診してもらいました。風邪とのことでしたが、熱は一向に下がらず、夜中になると泣き出して、母は一晩中、私を背中におぶって夜明かしする日が続きました。

のちに母が残した記録には、このように記されています。

（母の日記より）

生後3カ月になったばかりの英ちゃんと信ちゃんを連れて、旭川のおばあちゃまの家に行ったのは忘れもしません、6月10日のことでした。今になって思うと、この旅行が英ちゃんの運命を変えてしまったように思えてなりません。

英ちゃんは、飲んだミルクをみんな吐《は》いてしまうのです。額《ひたい》にさわると、ものすごい熱、幼い2人を連れて私はただオロオロするばかりでした。

そして、何人目かのお医者様に診《み》てもらったところ、告げられた病名は「結核性髄膜炎」。母や家族の驚きは、言葉に尽《つ》くしがたいものだったようです。

病名は判明しましたが、町のお医者様ではどうすることもできず、旭川日赤病院に入院することになりました。

大きなベッドに、生まれてたった3カ月の小さな身体を横たえる我が子の姿。

毎日続く輸血と点滴。小さな身体によく入るものだと思うほどの注射の数。

嫌《いや》がる私の身体を押さえながら、母も一緒に泣いていたとのことでした。

何度も危篤に陥《おちい》り、家族は半ばあきらめて、お葬式に備えて家の掃除や片づけを始めたということです。

しかし、奇跡は起こりました。

3カ月半後、お医者様や家族の手厚い看護によって、私は命を取り留めたのです。旭川日赤病院での主治医は、桜井多美子先生という女医さんでした。そのとき桜井先生の家では、私と同じくらいのお子さんが高熱で臥《ふ》せっていたのですが、桜井先生は、私のために病院に泊まり込んで手当をしてくれたということです。

音のない世界に投げ出されて

日増しに元気になってゆく私を見て、家族も明るくなり、笑い声が聞こえるようになってゆきました。父も旭川に転勤となり、元気になって退院した私を囲んで、家の中は春が訪れたように喜びに満ちていました。

家族が異変に気づいたのは、生後7カ月の頃でした。

「英ちゃん、イナイイナイバー」と話しかけても、私はただ笑って見ているだけで何の反応もないことに、みんながおかしいと思い始めたのです。

生まれて7カ月と言えば、普通は口真似などをする頃です。しかし、このとき私は、すでにどんなに両親や周りから「英ちゃん」と呼ばれても振り返ることのない、音のない世界に投げ出されていたのでした。

（母の日記より）

英ちゃん、あれは静かな雪の降る夜でした。

昭和30年3月2日、内地なら桃の花が咲くお節句の時分なのに、冷たい北国の都市函館《はこだて》ではまだ冬が明けず、港も町も白い雪に覆《おお》われていました。

そんな日に、お前は我が家の次男坊として産声《うぶごえ》をあげました。

でも、運命とは何と残酷《ざんこく》なものでしょうか、英ちゃん。母さんだってこんなに早く不幸せが訪れようとは思ってもいませんでしたよ。生後わずか3カ月のお前と、4つになったばかりの信ちゃんを連れて旭川のおばあさんの家を訪ねたとき、もうお前はあの恐ろしい病に冒《おか》されていたのです。そう、結核性髄膜炎《ずいまくえん》。

40度の高熱が何日も続きました。その間、母さんは、ただお前の小さな命のことだけを、その生命の灯が消えないことだけを祈り続けていました。

そして、３カ月の治療の後、病気は回復しました。でもその喜びも束《つか》の間、お前はもうその可愛い耳で何も聞くことのできない子どもになっていました。「英ちゃん」と呼ばれても振り返ることのない、母さんの顔を見ても「母さん」と呼ぶこともできない、音というものを失った世界にお前を追いやってしまったのですね。

私たちはなす術《すべ》もなく、突然襲ってきた不幸の前に泣きました。

それから2年の間、空《むな》しいこととは知りながら、方々の病院巡《めぐ》りが続きました。

また、どこそこのお灸《きゅう》が効くと言えばその気になり、雪の中を藁《わら》をもつかむ気持ちで訪ねてゆきました。


これは、私が音のない世界に投げ出されたとわかったときの母の日記の一節です。

両親の本当の苦労は、ここからが始まりでした。私の耳が聞こえないらしいと気づいてからは、パニックというより薄氷《はくひょう》を踏《ふ》むような時間だったと言います。

花火の音に反応したと希望的に解釈して安堵《あんど》しようとしたり、耳元や後ろから大きな音を立てて様子を見たり、そんなことをどれだけ繰《く》り返したか知れません。

幼かった兄の信一でさえ、事あるごとに私の耳元で声をかけたり、タンバリンを鳴らしてみたり、一人前に真剣に心配してくれたということです。

耳鼻科に連れていくと「ストマイの副作用で難聴になることがある。英ちゃんもあるいは……」との話でした。

病気が治った喜びも束の間、両親は、まるで天国から地獄に突き落とされたような気持ちになりました。母はそれでも希望を捨てることができず、私を背負って、何軒もの耳鼻科を回り続けたと言います。

母が決定的に運命を受けとめざるを得なかったのは、最後の頼みの綱であった北海道大学病院での診察を受けたときでした。

お医者様に別室に呼ばれ、「特殊学校へ行かれることですね」と言われたのです。

札幌駅で、病院での結果を聞くために待ち合わせた叔母が、視点の定まらない母から動かしがたい事実を聞いたそうです。

母はそのとき、ネンネコを失《な》くしてしまったことに初めて気がつきました。

母は子どもが生まれる度に、一緒に着るネンネコを、そのとき一番お気に入りの自分の着物で作っていました。私のときは、水色地に友禅柄《ゆうぜんがら》の、とてもきれいなネンネ

左：1956（昭和31）年頃、旭川で、兄・信一と私。すでに音のない世界に放り出されていた私に、まだ幼かった兄も、事あるごとに私の耳元で声をかけたり、タンバリンを鳴らしてみたり、一人前に真剣に心配してくれたという。

下：1957（昭和32）年頃、家族で（左から兄、母、私、父）。

コだったそうです。母はそれを忘れるほど気が動転していたのです。

そのときのことを思うと、母にとって幸せの象徴のような友禅柄が、母の手からずるずると滑《すべ》り抜けてゆく様子と、母の折れてゆく心の心棒《しんぼう》とが重なって感じられ、50年を経《へ》た今、母の心のつらさ、痛みを改めて知る想いです。

両親の苦悩、家族バラバラの生活

医者に見放された私たち親子は、よいと言われることは何でもやってみました。注射も電気治療もあらゆることを試してみましたが、やはりダメでした。

母は、道を歩いていても私と同じぐらいの子どもが親におねだりしている声を聞くと、うらやましくなり、また遊園地でうれしそうにはしゃぐ子どもたちを見ると、私が哀《あわ》れに思えて、私の手を引っ張って帰ってきてしまったことも度々でした。

しかし、両親も周りもなす術《すべ》がなく、落ち着かない気持ちのまま、2年の歳月が過ぎてゆきました。両親は、耳の聞こえない私をどうやって育てていったらよいかと途方に暮れていました。病院の先生からのアドバイスで、早いうちから言葉を覚《おぼ》えるとよいとは聞いても、どこへ行けばその教育が受けられるのか、皆目《かいもく》わかりません。「聞こえない子の早期教育は早い方がよい」ということを聞けば聞くほど、両親の気持ちは焦《あせ》りました。しかし、そんな私たち家族に朗報が届いたのです。

祖母が、兄を連れてたまたま上京した折に乗った汽車の中で、耳の聞こえないお子さんを連れたお母さんに出会ったのです。そのお母さんから、ろう学校のことを詳しく教えていただいた祖母の話は、私たちに上京する勇気を与えてくれました。

（母の日記より）

でも英ちゃん、朝の来ない夜はないのです。神様は英ちゃんにも微笑《ほほえ》みかけてくれました。お前が2歳半の夏も終わりに近づいた頃のことでした。ある日、おばあさんと信ちゃんが、汽車の中で望月さんとおっしゃる、お前と同じように耳の聞こえない子どもさんを連れたお母さんに出会ったのです。おじいさんやおばあさんの励《はげ》ましに、お父さんとお母さんはお前を連れて世田谷の日本聾話《ろうわ》学校を訪ねました。

学校の門をくぐったとき、お父さんもお母さんも思わず足を止めてしまいました。のぞいて見ると、小さな子どもたちがピアノの傍《そば》に集まって、手や身体をぴったりとピアノにつけて、その振動を身体に受けながら楽しそうに歌っているのです。

「英ちゃんもきっとあんなふうになれるのね」。母さんたちの心の中に明るい灯《とも》火《しび》が一度に点《とも》った想いでした。

当時、普通のろう学校は、6歳にならないと入れませんでしたが、日本聾話学校は3歳児から教育を始めた日本で最初の早期教育実践校でした。

両親は、藁《わら》にもすがる想いで、何とか我が子をその学校に入れ、「言葉を与えたい、言葉を話せるようになってほしい」と願いました。

しかし、それを実現するには、いくつもの大きな壁《かべ》が立ちはだかっていたのです。

一つは、日本聾話学校が、北海道からはるか彼方《かなた》の東京にあるということでした。

当時、私たちは旭川に住んでいましたので、東京までは24時間以上かかります。今ではそれほど遠いという印象はなくなりましたが、当時はまだＳＬが走っていた時代。家族にもし何かあったとしたら、どんなに急いでも間に合わない距離でした。

また、警察官になってまだ年数も浅かった父の給料で、2つの生活を賄《まかな》うのは大変なことでした。かといって、職業を捨てて、家族4人が東京へ移り住むのも、北海道の生活しか知らない家族にとって、果たして仕事があるのか見当もつきません。

問題はやはり経済的な壁でした。

そして、まだ25歳だった若い母にとっても、耳の聞こえない我が子を抱《かか》え、見知らぬ土地で2人だけで暮らすことは精神的にも大変な負担であり、先行きを想像するだけで暗澹《あんたん》たる想いになりました。

加えて兄は6歳になり、小学校に入学するときを迎えていました。

晴れの1年生の入学を迎える長男、信一への不憫《ふびん》さが募《つの》りました。

しかも、それだけの犠牲を払って教育を受けさせて、果たして期待通りの成果があるかどうかもわからないことでした。

しかし、家族で何度も話し合った結果、両親は、3歳の私を東京の学校へ入学させることに決めたのです。

兄の信一は旭川に住んでいる祖父母に預《あず》けられ、父は警察の官舎で単身生活を送ることになりました。

いよいよ母と2人で東京に向かう日、気丈《きじょう》にも「僕はいいよ、おばあちゃんと一緒で」と言っていた兄は、祖母や叔母と一緒に旭川の駅に見送りに来てくれましたが、汽車に乗り込む寸前、目に涙をいっぱい溜《た》めて、爪《つめ》が食い込むほど強く叔母の手を握りしめていたそうです。

こうして一家バラバラの生活が始まりました。

家族が別れ別れに暮らすということは、今思えば大変なことだったと思います。今日のように通信や交通機関が発達していなかったので、その苦しみは察するに余りあるものがあります。

兄の寂《さび》しさ、父の寂しさ。さらに経済的圧迫。母の不安と寂しさ。

そういった、いくつもの犠牲の上に、暗闇《くらやみ》に一条の光を探す家族の大きな希望と夢を託《たく》されて、私の人生は始まったのでした。しかし、それは、母と私の苦しく長い、言葉を求めての闘いの始まりでもあったのです。

2

言葉を求めての闘い

「こうだったけど、こうなれた人生」を生きる

日本聾話《ろうわ》学校に入学

1958（昭和33）年3月、北海道から上京した母と私を、日本聾話学校の大嶋功校長は快く受け入れてくれました。

日本聾話学校は、1920（大正9）年、オーガスト・カール・ライシャワー博士夫妻（ライシャワー元駐日アメリカ大使の両親）によって開校されました。

『日本聾話学校七十年史』によれば、ライシャワー博士夫妻は、外国伝道を願って1905年（明治38）年に来日。以来、東京を中心に、各地で伝道と教育一すじに歩まれたとのことです。

ライシャワー夫妻には2人の男の子がいましたが、3番目に生まれた長女のフェリシアが2歳を迎えようとする頃、重い病に罹《かか》り、高熱のために聴力を失ってしまいました。

そのフェリシアに何とか教育を受けさせたいと願った夫妻が相談を持ちかけたのが、小西信八という東京聾唖《ろうあ》学校（現在の筑波大学附属聴覚特別支援学校）の初代校長でした。

しかし、当時の日本のろう教育は、読唇術《どくしんじゅつ》と発声法を行っているところはなく、わずかに、現在でいうボディランゲージによって、他人と意志の疎通《そつう》をはかることを教えていたにすぎませんでした。

そのためか、小西校長はカールに、ろう教育の進んでいるアメリカに帰って読唇術や発声法を学ばせるように勧めたということです。

そのとき、小西校長は、「すべてのろうあ児に普通の言葉を教え、それを声に出して言わせる口話法を教えたいのです。アメリカでフェリシアさんにその教育を受けさせるだけでなく、ぜひ日本の子どもたちにもその教育を、その道を開いてほしい」と懇願《こんがん》したとのことでした。

日本聾話学校は、私が入学した当時、日本で唯一《ゆいいつ》の早期教育、しかもマンツーマン教育を徹底的に実践しており、私もその教育を受けた一人でした。

特に私は、松沢豪《つよし》先生が長年の教育経験を元にして生み出された口話教育を受ける機会に恵まれたのでした。

言葉を求めて

（母の日記より）

英ちゃん、今日、日本聾話《ろうわ》学校に伺《うかが》って大切なお話をお聴きしましたので、忘れないように記しておきます。

今、全国には、英ちゃんのような幼稚部の子どもから、高等部のお兄さん、お姉さんまで、およそ２万人の耳の不自由な人たちがいるのです。そして、その方たちのための学校は、この日本聾話学校を入れてわずか５校しかないそうです。

母さんがなぜ、こんなにも幼稚部にこだわるのかと言えば、ろう教育に限り、絶対と言ってよいほど幼児教育が必要だということがわかったからです。英ちゃんは、誰《だれ》かが言葉を教えてくれなければ、身体ばかり成長しても一生言葉を持たない人間になってしまう。しかも、ろう教育は一日でも早ければ早いほど効果があると言うのです。

ここで、「聴覚障害」について少し述べておきたいと思います。

聴覚障害は一般に難聴と言われ、大きく分けて2つのタイプがあります。

伝音性《でんおんせい》難聴と感音性《かんおんせい》難聴です。

伝音性難聴は、年を取って耳が遠くなったというように、加齢によって聞こえる力が弱くなった状態です。他に外耳《がいじ》や中耳《ちゅうじ》の病気による難聴もあります。

伝音性難聴の場合は、耳に入ってくる音を大きくすれば聞き取れます。よくお年寄りの方に大きな声で話しかければ聞こえるということがありますし、また補聴器という器械によって聞こえを回復することができます。

一方、感音性難聴は、聴覚、つまり聞こえる感覚そのものが失われた状態です。

私の場合もそうですが、これは内耳に起こった何らかの障害や病気によって、内耳の神経そのものが機能しないことによる難聴です。

感音性難聴の人たちは、音を大きくしても音を聞き分けることができません。

駅のホームや電車内などから流れてくるアナウンスは聞こえても、何と言っているのかわかないのです。

ただし、私のように補聴器をつけていますと、何かしら音らしきものとして伝わってくることもありますが、後ろから来る車のクラクションも、何の音なのか区別はまったくつきません。またどの方角から来る音なのかもわからないために、危《あぶ》ない想いをしたことも何度もありました。

また、音楽を聴いても音の高低はわからないのです。ただ振動によるリズムによって音楽を理解するということになるわけです。

現代社会の喧騒《けんそう》の中、音が満ちあふれるこの世界で聴覚障害者が生きるということは、常に危険と隣《とな》り合わせにあるということでもあるのです。

訓練によって言葉が理解できるようになったとしても、例えば「タバコ」と「タマゴ」、「シジミ」と「シチミ」（七味）は発音として全然違いますし、物質としてもまったく違うものですが、口の形だけで判断しますと大変な間違いをしてしまうことにもなりかねません。その対策として、私たち聴覚障害者は、身振りや手話、そして筆談などで、「タバコ」や「タマゴ」の違いを知ります。

そして、自分の声を聞き分けることができないので、自分の発音を修正し、コントロールすることができません。時々、聞こえない人たちが電車の中などで奇声を発しているようなことがあるかと思いますが、それもこのことから来るものです。

また、私たち感音性難聴者は、「カ行」と「ガ行」、「タ行」と「ダ行」、「バ行」と

「パ行」、「サ行」と「シャ行」の区別、そして「ラ行」が特にうまく発音できません。

耳の聞こえない方が話していることがよく聞き取れないのも、そういうところに原因があるように思います。

私もその一人ですが、感音性難聴の人の発音はなかなか理解されず、これまでも人との出会いの中で多くの誤解を生み出してきました。

しかも、外見で判断できる他の障害と違って、聴覚障害者は一見わかりにくい。声をかけて初めてわかる障害だからです。

しかし、当時の私の状態は、それ以前の問題でした。

聞こえないがゆえに、世界にあるすべての物の名称がわかりません。

赤い色を見ても「赤という色」と「赤という言葉」がつながらないのです。

私たち聞こえない人間は、周りに教えてくれる人がいなければ、すべての物は、ただ物としてしか存在しないのです。しかも、言葉の発声の仕方がわかりません。どうすれば声が出るのか、声とはどういうものなのか、そもそも聞いたことがないのですから。そんな私が、同じように聴覚に障害を抱《いだ》いた子どもたちと一緒にテストを受け、日本聾話学校に入学を許可していただいたときの両親や家族の喜びはひとしおの

1958(昭和33)年、日本聾話学校入学の日(母と私)。母は日記にこう記していた。「英ちゃん、もしおまえの頭に、おまえの口に言葉を生まれさせることができるのだったら、母さんはどんな苦労だって我慢しますよ。英ちゃんだって寂しくても我慢するわね。2人でしっかり勉強しようね」。ここから、母と私の言葉を求めての闘いが始まった。

ものがあったようです。

「英ちゃんの頭に、そして口に言葉を生まれさせることができるのだもの、みんなで苦労を分け合いましょう」

両親はじめ祖父母や幼い兄までもが、私の明るい未来を願ってそう決心してくれたのです。

でも、そのために私と2人で上京した母にとって、旭川の祖父母に預《あず》けた兄のことが何よりも気がかりでした。兄は、私が幼稚部に入学したとき、小学校入学を迎えていました。そして、「入学式にはお母さんと一緒に行くんだ」と新しいランドセルや教科書を出したりしまったりしながら、その日が来るのを楽しみにしていたのです。

（母の日記より）

英ちゃん、入学式の朝は晴れて、桜の花がほころぶ美しい校庭を、英ちゃんの手を引いて歩いたとき、母さんもお前と一緒に幼稚園の1年生になったのだという想いを強くしました。

入学式で全校生徒の前に立って、歓迎の言葉を述べた小学部2年生の可愛いお嬢さんの立派な態度と、それにも増して明瞭な言葉遣いが、母さんをどんなに勇気づけてくれたことか。伺いながら、母さんは涙がこぼれて仕方がありませんでした。英ちゃんが入ったのは桃組、お友だちは全部で11人。担任は山下文子先生でした。

英ちゃん、もしおまえの頭に、おまえの口に言葉を生まれさせることができるのだったら、母さんはどんな苦労だって我慢しますよ。英ちゃんだって寂《さび》しくても我慢するわね。２人でしっかり勉強しようね。

そして、いよいよ母と私の言葉を求めての闘いの日々が始まったのです。

母は、何としても私に言葉を与えたい一心で、緊張しながらも先生方の言葉を一言も漏《も》らすまいと真剣に耳を傾けたそうです。

そして、周りを見れば同じ障害を持った子のお母さん方も真剣に聞き入り、母は「私だけが不幸なのではない。ここにいるお母さんたちもみんな、私と同じ苦しみを体験している仲間なんだ」と心が温かくなったと言います。

最初は、教室いっぱいに積み木や汽車などが置かれた中で、ただ訳《わけ》のわからない叫《さけ》び声を上げているだけの私たちでした。しかし、先生は「こうして遊ぶ中で、明るい自然な声を聞いて、これを手がかりに子どもたちそれぞれの音質を知るのです」とおっしゃいました。

私の通学の途中に踏切があり、その踏切をはさんで学校と反対側にアパートがありました。私は、学校からの行き帰りに大好きな電車を見ることが楽しみになっていました。

母は、生活の中でも根気強く言葉を教えてくれました。

1カ月がたった頃、慣れない東京での生活や学校に、母も私も疲れを感じ始めていました。旭川にいる父や兄のことがしきりに思い出されました。

そんなとき、母は、信一兄さんのやさしい手紙にどれほど慰《なぐさ》められたことかと、のちに語ってくれたことがありました。

また、幼稚部の遠足で初めて体験した潮干狩《しおひが》り。往復のバスの中も、私たちにとっては大事な言葉を覚《おぼ》えるための教室となります。車内でも、降りたところでも、海岸でも、先生も親も熱心に言葉を教えます。

海の音　聞こえてくると　砂浜に　腹ばいて聞く　耳しいの児は　（幸子）

私と母にとって、毎日が言葉を求めての長く苦しい闘いの日々であり、当時の私は、牛の歩みよりまだ遅い一歩一歩でした。

そして、時にはいじめっ子に通せんぼされ、「英ちゃん、何かしゃべってごらん、しゃべったらここを通してあげる」と言われて泣きべそをかく私。そんな私を見て、母も泣きながら私を抱《だ》き抱《かか》えて家に帰ったこともあったようです。

松沢豪《つよし》先生との出会い——マンツーマン教育が始まる

日本聾話《ろうわ》学校に入学した私は、当時、ろう教育、ことに幼児教育の権威であり、この学校で幼稚部の主事をされていた松沢豪先生にマンツーマン教育を受けることになりました。

松沢先生は長崎生まれで、高知県立ろう学校、長崎県立ろう学校、東京聾唖《ろうあ》学校などを歴任されたのち、１９４７（昭和22）年、日本聾話学校に幼稚部主任として赴任《ふにん》されました。

まず手始めに行われたのは、無言語の聴覚障害児を言語の世界へ誘導する感覚訓練でした。

松沢先生に学んだ3年間は、私にとって言葉を求める闘いの日々であったと同時に、母にとっても言葉に尽《つ》くすことのできない苦悩と葛藤の日々であり、努力と希望の日々でもありました。

松沢先生は、こう言われました。

「教育は、どんな場合にも、学校と教師だけではできませんが、ろう教育では、特に母親の果たす役割が大きいのです。お母さんの協力がなければ、完全なろう教育はできません。なぜなら、ろう児には生活のあらゆる場面で、それと結びついた生きた言葉を繰《く》り返し、繰り返し根気よく教えてゆかなければならないからです」

さらに、「音のない子どもの生活に言葉を誕生させるために、父母・教師が続ける仕事は、勤勉な農夫のそれにたとえられます。荒地を開墾《かいこん》し、肥料を施《ほどこ》し、やがて来る実りを静かに待つ。地味ではあるが、厳《きび》しい農夫の日々の闘いに似ているからです」

どんなにつらいことがあっても、母は誰《だれ》にも頼ることができず、自分一人で解決しなければなりませんでした。そして、「自分のいのちと引き換えにしても我が子に言葉を与えたい。我が子を守らなければならない。それが北海道から上京した使命だ」と自分に言い聞かせていました。しかし、若い母にとって、その重圧に呑《の》み込まれそうになったことが何度もありました。

（母の日記より）

いよいよ今日が1日目です。日課の朝礼では、先生が叩《たた》く太鼓《たいこ》の振動に合わせて桃組から、続いて梅組、バラ組と幼稚部の全生徒が集まります。

先生の号令で簡単な体操をします。上級生は先生の口元を見ながら元気に手足を動かします。でも英ちゃん、あなたはまだ何が何やらわけがわからずに、ただキョロキョロ大きな目を見開いているだけでしたよ。

入学して1週間、いよいよ松沢先生のマンツーマンによる指導が始まりました。ろう児は、目を耳にして話をするため、目ですばやく正確に物の形を見分ける能力を育てるマッチングという訓練が、重要な勉強の一つでした。マッチングとは、おもちゃの飛行機や汽車と、同じように描かれた飛行機や汽車の絵を見せて、同じ形のものと、違う形のものとに区別する訓練です。幾度も繰《く》り返しているうちに、私の頭の中には、同じ形のものと、違う形のものとの区別が生まれてゆきました。

(母の日記より)

幼稚部に入ってまだ1カ月もたっていないが、昨日、大宮まで行ってきて疲れがとれないのか、今朝はギリギリまで寝ていた。学校では、いつもの通りみんなが遊具を取り合ってワーワー遊ぶときは一人で別な遊びをしており、他の子が飽《あ》きて止めてしまうと今度はゆっくりとそのおもちゃで遊ぶ。

夕方は、本を見て(お道具という絵本)画中の電灯、時計など身近な品物と照らし合わせ、同じであると教える。今までなら無言で指さすだけであったが、今日は私の口を見せながら教えようとする。

これも、これとこれは同じというマッチングのお勉強が始まったお陰かと思う。

入学して1カ月がたった頃、母にうれしい出来事がありました。

（母の日記より）

遊びに来てくれた叔父ちゃまのタバコの包みを「何なのか」としきりに気にするので、箱を開けて、「タバコよ」と教えているうちに、「タ？」と首を傾げて聞く。何か1つでもコトバが出ると、涙が出るほどうれしい。

初めて私が発した「タ」という発音を、母は「終生忘れないでいよう」と強く心に思ったのでした。そんな中で、私が初めて出した声らしい声がありました。

（母の日記より）

今日は記念すべき日です。教室で英ちゃんが初めて「オーイ」と言いました。英ちゃんが出した初めての声です。こんなことに感激する母さんを不思議だと思うかもしれないけれど、とにかくたった一言でも言葉に近い言葉が言えただけで、どんなにうれしいか。

英ちゃんは、松沢先生の発声誘導に従ってじっと先生の口元を見ながら力いっぱい叫《さけ》んでくれました。旭川のお父さん、お兄ちゃん、聞こえますか。これが英ちゃんの声です。

その後も、明けても暮れても、一つ一つ根気よく私の頭に言葉を植え付けることが続きました。しかし、ときには言葉にならない言葉を話すこともありました。そのため、周りの人から嘲《あざけ》りの目を浴びることも少なくありませんでした。

——

唖《おし》んぼと　心なき目の　あざけりに　耐えうる我に　今はなりけり（幸子）

——

同時に、母にとっては、旭川に残してきた兄の信一のことが気がかりでなりませんでした。小学校への入学式にも行ってやれず、どんなに寂《さび》しい想いをしているだろうかと胸を痛めていたと思います。

（母の日記より）

きょうは旭川に残してきた長男の誕生日。母のいない寂しい誕生日を迎えているかと思うといじらしい気がして、涙が出そうであった。

松沢先生による学習は、どんどん進んでゆきました。先生は、一人ひとりの子どもを膝《ひざ》に抱《だ》き抱《かか》えるようにしながら、あるときは先生自身の口の中に子どもの手を入れさせて舌の形を触《さわ》らせたり、また子どもの手の平に向かって自分の息を吹きかけたりして、その手の感触を記憶させながら、一つ一つの音を教え込んでゆきました。お母さんも一緒になって学びます。家に帰ってからも、親子の訓練は続きました。子どもたちがよく発音できたときは、松沢先生の目にも、母の目にも涙が光っていました。

（母の日記より）

今年の4月には言葉をまったく知らなかった英ちゃんが、日本聾話学校に入学して、松沢先生から言葉を教えていただくようになって早くも3カ月がたった。

わずか3カ月の間に、英ちゃんは80もの言葉をお話しできるほどに成長してくれました。お話しできるなんて言うと、大げさかもしれませんが、お母さんにとっては英ちゃんの口からやっと発音される一つ一つの言葉は、それはそれは大切な宝物でしたよ。

一方で、少々気まぐれだった私は、勉強があまり身に入らない日がありました。そんなとき母はついイライラして、「いくら教えてもわからないのか！」と叱《しか》られたこともありました。

（母の日記より）

今朝もまた、時間がきても起きないで「ネンネ」と言って、布団にしがみついて泣いている。ようやく起こしたところ、家にないとわかっている、「バナナ、ブドウ、チョーダイ」と言い、柿やリンゴをあげても「イヤ」と、どうしても「バナナ、ブドウ」だと泣いて手こずらせる。このごろ英ちゃんの勉強が伸び悩んでいるようで、ついイライラしてしまう。

それで、いくら教えてもわからないとつい叱《しか》ってしまう。こんなことではいけない。優しく教えてやらなければいけないと心を立て直す。

聞こえぬと　知りつついつか　声あらげ　駆け行く吾児の　あとを追いゆく

（幸子）

こうして、毎日繰り返し訓練してゆくうちに、私は少しずつ先生の動かす唇の形に意味を読み取り、汽車は「ポッポ」、自動車は「ブーブー」というように、身近な乗り物や動物、食べ物の名前を覚《おぼ》え、やがて「物には名前があるのだ」ということがわかってきました。それればかりでなく、「先生と同じ口の形で、自分も声を出して言う」ということを覚え始めたのでした。

慣れない東京での2人だけの生活。さらに学校から家に帰っても四六時中、言葉を覚えるための訓練。言葉を求めて無我夢中《むがむちゅう》で過ごした私たちでしたが、さすがに母にも疲れが出始めていました。

（母の日記より）

英司が夜中に熱を出してびっくりする。計ってみると39度近くもある。夜中の2時なのでお医者様も呼べず、薬を飲ませて冷しながら寝かせる。熱のせいか、とても震える。しっかり抱《だ》いて寝たら震えも止まり、少し落ち着いてきた。吐《は》いたせいもあって、6時頃までグズグズとよく眠らない。やっと明け方から10時頃までぐっすり眠ってくれた。主人もおらず私一人で、せっかくここまで出てきて「もしものことがあっては……」と思うとどうしてよいかわからない。心配でとうとう一晩眠らないでしまったせいか、頭が重たい。

ふるさとの　空に向かいて　夫《つま》の名を　小さく呼びぬ　疲れたる我（幸子）

そんな私たちに、思いがけない朗報が飛び込んできました。

父が仕事で上京してくることになったのです。

（母の日記より）

主人から電報が来た。明日昼に上京するとのこと。私もうれしいが、英司がどんなに喜ぶことだろう。旭川を出てから2カ月半ぶりである。たとえ2つか3つでも単語が言えるようになった英司を見て、主人もきっとびっくりすることだろう。明日が楽しみだ。

母は、父の写真を見せて「英ちゃん、お父さんよ」と一生懸命私に教えましたが、私はただ目をパチクリするだけだったそうです。でも母の気持ちは「英ちゃん、お父さんが抱っこしてくれたら、たくさんお話ししてちょうだいね。そして、パパと呼びましょうね。お父さんなんて難しくて言えないものね」と、その日の来るのを楽しみにしていました。

そして、私は、母の期待に応えて、父に抱かれてたった一言「パパ」とおぼつかないながら、言えたのです。父の在京はたった数日のことでしたが、母にとっても私にとっても勇気と希望を与えてくれたものだったようです。

（母の日記より）

今日から7月。あと半月で夏休み。旭川に帰れるのだ。主人から、信一が毎日日めくりカレンダーをめくっては私の帰る日を待っているという。

4カ月見ないうちにどんなにか成長したことだろうと思う。東京で4人そろって暮らせたらなあと思う。

今日から夏休み。午後4時の汽車で上野を発《た》つ。29時間の長い汽車の旅も、英ちゃんには得がたいお勉強の旅である。汽車の窓から、船のデッキから、移り変わる景色に喜びの声を上げていた。旭川駅では、お父様やお兄ちゃまが迎えに来ていて、英ちゃんは大喜び。「パパ、パパ」と、どうにか言えて、ニコニコ顔であった。

1学期が終わりに近づいた頃、東京の暑さは、慣れない母と私にとって相当こたえました。入学して4カ月でしたが、1カ月ごとに増えてゆく言葉——たった80ほどの言葉ですが、母にとってはその一つ一つが決して失ってはいけない大切なものに思えたようです。

そんな折、母は思いがけない夢を見て、思わず目が覚《さ》めました。

（母の日記より）

昨夜、夢の中で、英ちゃんが「お母さん、お母さん」と呼ぶので、「あら、英ちゃん、聞こえるようになったのね」と言ったとたんに目が覚めてしまった。

本当に聞こえるようになり、話もできるようになったら、どんなにうれしいだろう。私の耳を英司に上げて、聞こえるようになるものなら……とつくづく思う。

旭川での日々は、あっという間に過ぎ、いよいよ2学期が始まる。英ちゃんを連れて、再び上京する日が来た。また、英ちゃんと二人三脚で言葉を求めての闘いの日々が始まる。

NHKラジオドキュメンタリー『あるろう児とその母の記録』に出演

北海道から上京し、言葉を覚《おぼ》える闘いが始まったばかりの私たち母子に、NHKから『あるろう児とその母の記録』と題するラジオドキュメンタリー番組を制作したいというお話を頂きました。

収録期間は、1958(昭和33)年8月から1961(昭和36)年3月まで、合計8回ということでした。

しかし、その後も多くの反響を頂き、数回の再放送をしてくださったようです。

その番組のねらいについて、プロデューサーだった大竹信弥さんは、後年、ある雑誌にこう書かれていました。


昭和33年から36年3月まで前後8回にわたって放送されたNHKドキュメンタリー『あるろう児とその母の記録』は、この母と子と教師の、ことばを求めての真剣な努力の日々を生々しく伝え、いわゆる幼ろう児早期教育の重要性とその顕著な効果を全国に知らせて、幼いろう児を持つ家庭、とりわけ我が子の将来に絶望しかけていた母親たちの心に「希望の橋」を架《か》け渡した。

しかし、ラジオでやっているような教育を我が子にも受けさせたいというろう児の母親の願いを満たすためには、当時の幼ろう児教育の実態はあまりにも弱体だった。幼稚部を持つろう学校の数は、全国でわずかに27校、教育を受けている幼いろう児は

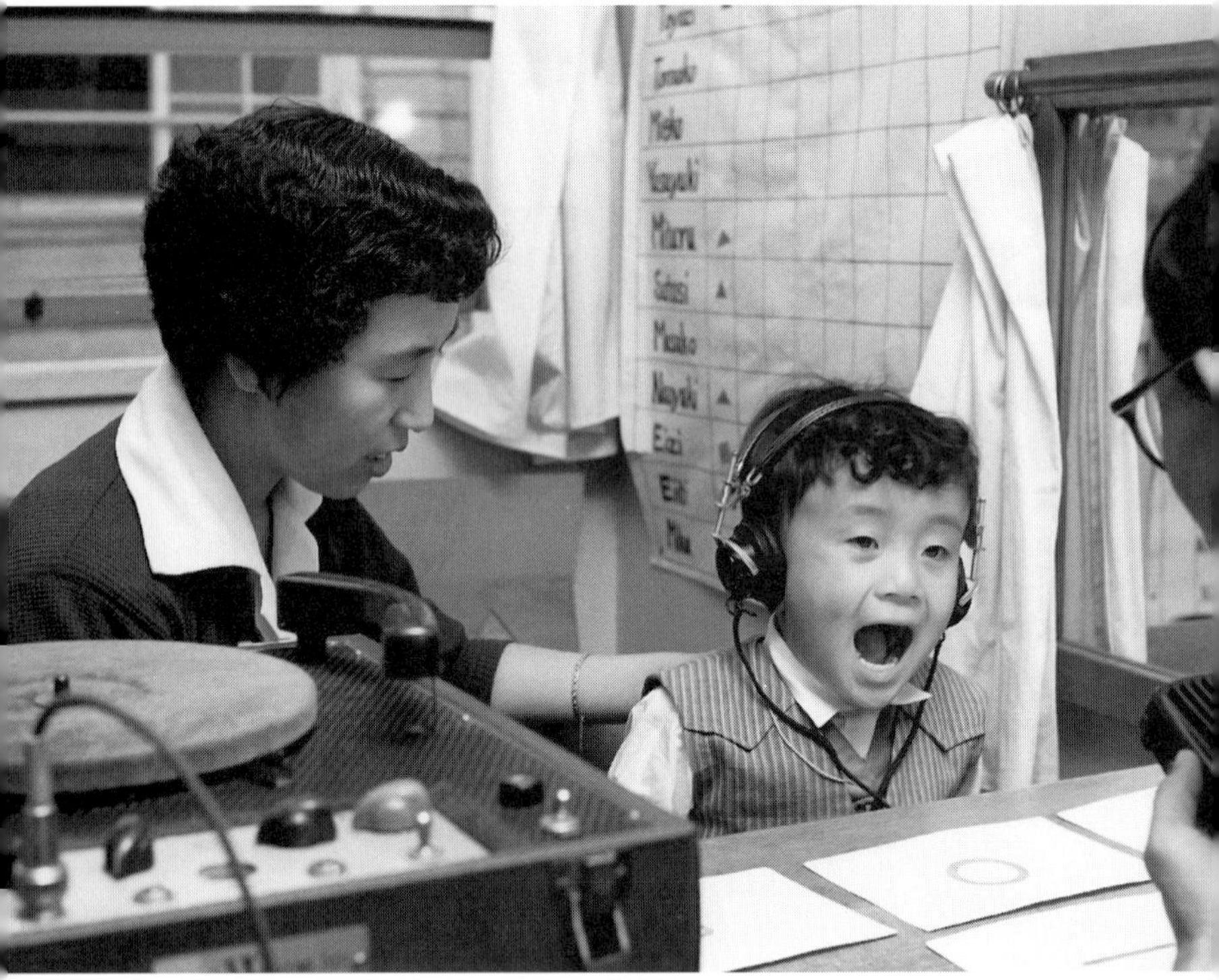

（写真提供：NHK放送博物館）

1958（昭和33）年、NHKラジオドキュメンタリー『あるろう児とその母の記録』の収録。右端は松沢先生、左は母。松沢先生の徹底したマンツーマン教育によって、言葉を知る術がなかった私の中に、言葉が生まれ、息づくようになっていった。番組は、約3年にわたって放送され、全国から多くの反響が寄せられた。

500人にも満たない状況だった。

「地元に、身近に幼稚部がほしい!」。これが幼ろう児を持つ全国の母親たちの切実な願いとなった。しかし、全国各県に幼稚部併設の公立ろう学校がくまなく置かれるような教育施策は、そう短時日《たんじじつ》実現すべくもなかった。

母親たちの不安と焦《あせ》りを少しでも解消して、早期教育の機会均等に一歩でも近づけるためのNHK教育テレビジョン番組『テレビろう学校』が週1回30分間の定時放送を開始したのは、ラジオ『あるろう児とその母の記録』が終了したその年、昭和36年4月のことであった。ラジオが母たちの心に架けた「希望の橋」を渡って、テレビが幼ろう児教育の具体的な方法と内容を届け始め、幼ろう児家庭にとって、まったくかけがえのない支《ささ》えとなったのである。

それから20年後の昭和56年には、全国のろう学校は110校、その90%に当たる99校に幼稚部が設けられ、2260名の幼いろう児が教育を受けるに至《いた》った。

当時、母はこの番組を引き受けるにあたって、「同じように耳の不自由なお子さんを持ちながら、まだこのような学校があることを知らずに悩まれているお母様方のためにも、少しでも何かのお役に立てるならと思ってお引き受けしました」と、よく話していました。

(母の日記より)

英ちゃん、初めての放送は暑い日が続いて伸びてしまいそうな8月11日のことでしたよ。荒木道子さんのナレーションによって「私はこの記録を、世のすべての耳の不自由な子を持つ母に捧《ささ》げる」という言葉から始まりました。

夜8時5分から9時までの55分間、ラジオから流れてくる半年間の成長記録。何も語ることができなかった英ちゃんだったのに、「短期間によくここまでにしていただいたものだ」と、松沢先生始め先生方のご苦労を思って感謝の気持ちでいっぱいになりました。母さんは本当にうれしかった。涙が出てどうにもなりませんでしたよ。

放送終了後の反響は、想像以上のものでした。多くのお手紙が寄せられました。

・生後3カ月で音を失った子が母親と教師のたゆまぬ努力と指導によって、驚くべ

き発達を遂《と》げた過程を録音した感動の好放送。惜《お》しみなく拍手を送る。（浜松、Sさん）

・涙なしには聞けなかった。英ちゃんが何か言う度に「うまい、うまい」と拍手した。障害児を子に持つ身にこの番組は我がことのように思えた。（武蔵野、Kさん）

・英ちゃん、先生、お母さん、私は終わりまで聞いていて一日も早く一人前となることをお祈りしています。（山形、Nさん）

・ろう児教育が上辺の観念でないことを教え、早期教育の必要性を痛感した。英ちゃんガンバレ！　そして多くの未就学のろう児にも平等に教育を受けられるような社会的施策が望まれる。（静岡、Yさん）……

ラジオドキュメンタリー『あるろう児とその母の記録』によって、私たちが受けた個人指導の実際が放送され始めると、他のろう学校の先生方ばかりでなく、当時の文部大臣や東大、その他の有名大学の先生方が次々と見学に来られたとのことです。

そして、番組開始から1年がたったとき、大竹プロデューサーは、こうおっしゃいました。

英ちゃんとお母さんと先生が三つどもえになって、ひたすら言葉を求め続ける教育実践の闘いの記録が、今、およそ70巻ものテープとして山積みされています。

英ちゃんは、入学当時のゼロの状態から1年たっておよそ500語もの言葉を身につけるまでに成長しました。この明白な教育効果と、ろう児に限らず、すべての子どもたちが良い環境で育てられることによって、その内側にある可能性を引き出すことができるという確信を持ちました。

英ちゃんとの出会いを通して今、私は、全国の家庭に埋《う》もれて未《いま》だに教育の機会に恵まれない第2、第3の英ちゃんとその親御さんのために、一日も早くそれぞれの地方に幼児教育が増設されることを祈念するばかりです。

英ちゃんは取材活動が一応の終止符を打ったそのお別れのとき、「オジチャマ、アリガトウ、バイバイ」との別れの言葉を残してくれました。たとえその声は聞こえずとも、英ちゃんに心からの御礼を述べたいと思います。

英ちゃん！　ありがとう！

担当してくださったのは松沢先生ですが、私のために台本を書いてくださった松岡励子《れいこ》先生始め、多くの人たちによって番組は企画、演出、構成されていました。

後年、松沢先生にお話を伺《うかが》ったところ、実は、私を選ぶと同時に、親についても、教育熱心で学校と教師の行う教育に連携、協力できる家庭であり、親であること、そして並大抵の苦労ではないこの試練を乗り越えることができる親として、母が選ばれたことを知りました。

しかし、我が子の幸せを願うあまり、一緒に学んでいた仲間のお母さん方との様々な葛藤《かっとう》も生まれました。それは、母にとってはあまりにもつらい試練の毎日でした。幾日も苦しみ、眠れない夜が続いたと聞きました。

しかもそんな苦しいとき、頼れるはずの夫のいない寂《さび》しさ、海のものとも山のものともわからない聞こえない我が子の行く末……。

不安と重圧に呑《の》み込まれそうになって、私の手を引いて電車に飛び込もうと思ったことも何度かあったようです。

今でも私の手の平には、母がギュッと握ったその手の感触が残っています。

しかし、母は懸命に耐《た》えました。その苦しみの中で母を支《ささ》えたのは、母の中にあった消えることのない願い――「少しでも同じ痛みの中で苦しんでいる皆様のお役に立ちたい」という気持ちだったのです。

世間の軽蔑《けいべつ》のまなざし、あの子はツンボという罵声《ばせい》、様々な中傷、その波風の盾《たて》になって、母は私を守ってくれました。

しかし、悲しいかな、同時に私の中に芽生《めば》えたのは、甘えと依存の心でした。この心が、その後の私の人生に強く影響し、多くの暗転の現実を生むことになろうとは、当然のことながら、当時は知る由《よし》もありませんでした。

新たなる葛藤と試練の日々

言葉を求めての闘いの日々は、その後も続いてゆきました。

ある日、母にとって、私の成長を深く実感する出来事がありました。

（母の日記より）

子どもは、身体の発育とともに心もどんどん伸びてゆくのだろう。桃組のときはまだ心配で外を歩くときも手を離さないでしっかりと握っていたのだが、この頃では一人で歩いても、前後左右よく気をつけるようになってくれた。

踏切や四つ角では立ち止まり、車の有無を確かめてから渡るようになった。あるとき、考えごとをしながら歩いていた私は、前から来るスクーターに気がつきませんでした。英ちゃんはいきなり私の手を引っ張って、「ママ、アブナイ！」と言ってくれたのです。

このときのことを母は「ビックリしたと同時に、とっさに言ってくれた英ちゃんのことばがとてもうれしかった。これも早期教育のお陰と、本当に有難く思った」と後に語ってくれました。

入学1年目、東京で初めて迎えた誕生日に、母はおもちゃのピアノを買ってくれました。音に慣れるようにという想いもあったかもしれませんが、それだけでなく、

「もし、聞こえていたら……」という母の悲しい願いが込められていたのではないかと思います。

私は、そのおもちゃのピアノに耳を当てながら、無邪気にキーを叩いては出てくる音の振動に喜んだことを覚《おぼ》えています。

それが音楽に対して興味を覚えるようになった最初でした。音の高低こそつかめませんが、リズムは少しわかります。テレビの歌番組も、歌詞のテロップがあれば、歌手と一緒に口ずさむことができました。

（母の日記より）

あいにくの雨で、英ちゃんはつまらなそう。明日は英ちゃんの誕生日なので、デパートで思いきっておもちゃのピアノを買った。「聞こえない子にピアノなんて」と思ったが、「少しでも音に慣れさせ、聞こうとする能力を養うためにも」と思って買うことに決めた。英ちゃんはさっそく耳をピアノの上にピッタリとくっつけてポンポン叩いていた。まるで聞こえる子のように、ニコニコ笑いながら。

早いものだ。英ちゃんも今日で4歳のお誕生日を迎えた。昨年までのお誕生日は、元気に生まれた頃の英ちゃんを思っては、ことばを持たない英ちゃんが哀れでならなかった。でも、今年のお誕生日は違う。お母さんから、先生方から、そして、叔父ちゃまや叔母ちゃまたちから「英ちゃん、お誕生日、おめでとう！」と、お祝いの言葉やプレゼントを頂いて、うれしそうに「アリガトウ」と言えるようになったのだ。パパも一緒にいたらどんなに喜ぶことだろうと、よく成長してくれた我が子に感慨《かんがい》ひとしおであった。いつまでも健やかでありますように、そして、これから先もお母さんと一緒に努力してゆきましょう、英ちゃん。

その後も、母と私の二人三脚での言葉を求める苦しい闘いは続きました。

どんどん難しくなってゆく訓練。それを覚えさせようとする母は、イライラする日が多くなりました。反抗するかのように、私はよくカンシャクを起こしました。

そんな私にとって、心が和《なご》んだのは、学校からの帰り道に、店を出していた貝売りのおじさんの姿でした。貝を売っているのがめずらしくて、私はいつも道草をしておじさんの仕事をじっと見ていました。

（母の日記より）

いつも英ちゃんと買い物に行く駅前に、夕方になると貝売りのおじさんがお店を出している。おじさんにも耳の不自由な子がいると言う。英ちゃんはいつも「オジサマ、コンニチハ」と一言でも声をかけることを楽しみにしている。おじさんも「これはアサリ、これはハマグリ」と教えてくれながら、英ちゃんに貝を持たせてくれる。心なしか、どこかさみしく陰のあるおじさんである。「またひとつお話が増えたねえ」と会うたびに喜んでくれる貝売りのおじさん。

同じ児を　持つ貝売りが　貝をむく　手を止め吾児の　試語にうなずく

この時期、母は精神的にも肉体的にも限界がきていたようでした。

2人きりの生活にはとうに慣れているはずなのに、「英ちゃんより先にくたびれてしまいそうだ」と、挫《くじ》けそうな自分の心にむち打つ日々を過ごしていました。

そんなある日、うれしい便りがありました。

（母の日記より）

今日は、旭川からとてもよい便りが届いた。信一お兄ちゃんからの便りで、「お母さん、喜んでください。お父さんが4月から東京に行けるかもしれません」と言ってきたのだ。

子どもの手紙ではっきりしないが、本当に実現したらどんなにうれしいだろう。1年ぶりに親子4人そろって暮らせるかもしれないと思うと、心も落ち着かないようだ。英ちゃんに話してもわからないし。でも「あと4つネンネして、ポッポー、旭川よ」と、言うと「パパ、ポッポー、アサヒカワ」とまわらぬ口で言っている。春休みが待ち遠しい。

春休みが終わり、再び上京するときを迎えた頃、父の東京への転勤が決まったという知らせが入りました。

（母の日記より）

主人の上京が実現した。たった1年間の内地留学（警察大学校）だけれど、英ちゃんのためにもよいことだと思うと本当にうれしい。上京の準備に追われて忙《いそが》しい。英ちゃんのお勉強もおろそかになりがちでいけないと思う。

英ちゃんが白雪姫の絵本を東京から持って来たので、お兄ちゃんが読んで聞かせている。英ちゃんに兄のいたことを本当に幸せと思う。

お兄ちゃんは「もし僕が魔法使いだったら、英ちゃんの耳、いっぺんに聞こえるようにするんだけどなあ」と真面目な顔をして言っている。

幼いながらも英ちゃんの耳を何とかして聞こえるようにしたい気持ちでいっぱいなんだと思う。そのお兄ちゃんをまた、おばあちゃまの所に置いていかなければならないと思うと、可哀相でならない。

「英ちゃんもお勉強があるんだから、僕、おばあちゃんのところでいいよ」と、よく聞き分けてくれるだけに胸がいっぱいになってしまう。

「英ちゃん、犠牲になってくれるお兄ちゃんのためにも一生懸命お勉強しましょうね」

父の1年間の内地留学は、寂しさや不安でいっぱいだった母を元気づけるビッグニュースでした。けれど一方では、このまま東京で暮らすことになるのかと思うと、母には愛着ある北海道から離れがたい気持ちもあり、また、何より兄の学校のこともありました。そのため、兄は翌年の3月まで北海道に残ることになったのです。

1年間の内地留学を終えた父は、さらにその後、旭川から札幌に転勤となりました。4月1日には、家族4人がそろって旭川から札幌に赴《おもむ》きました。札幌の官舎は郊外の閑静《かんせい》な所にあり、広い野原に囲まれた静かな場所でした。

(母の日記より)

パパも、そしてお兄ちゃんも一緒に汽車に乗るなんて、英ちゃんにはまったく久し振りのことだ。いつもはママと2人だけの寂しい旅だったので、英ちゃんの喜びは格別のものだった。旭川からたった2時間半の汽車の旅だったけれど。

札幌郊外にある閑静なところにある官舎に、こんな静かな所で何にも煩《わずら》わされずにのんびりと過ごせたらいいなあと思うと、またすぐに上京しなければならないことがたまらなくつらいものに思われる。引っ越しのため帰京が少し遅れる。

花鳥のみに　たわむれてひとひを過ごす吾子　音なき世界に住みて静けし

（幸子）

楽しい春休みはあっという間に終わり、私も１９６０（昭和35）年4月から幼稚部の3年生となりました。勉強もだんだん難しくなり、頑張らなければならないのに、私はほとんどその気はなく、母を手こずらせました。

（母の日記より）

いよいよ幼稚部最後の学年だ。お休みしている間に、みんなのお勉強はどんどん進んでいた。一生懸命頑張らなくてはと思うのに、英ちゃんは毎日「ママ、サッポロニカエリマショウ。オニイサマトアソビタイデス」と言って、学校へ行くことを渋《しぶ》る日が多い。イライラしている私の様子を見て、上級生のお母様から注意していただいたほどだった。

英ちゃんが、幼稚部最後の学年となったこの年、内地留学を終えて札幌に転勤となった父と兄との4人で夏休みを過ごした。久しぶりに楽しい夏休みとなり、信一も英司も大喜びだった。
お休みの中のいくらか涼しい日をみて、２人を連れてディズニーの『眠れる森の美女』を見た。帰りにデパートで簡単な食事をしてきた。たったそれだけのことだが、普段、私と離れて住んでいる兄の信一にとってはとてもうれしいことだったと見えて、「お母さん、また連れてきてね」と英ちゃん以上に私の傍《そば》にすり寄って離れない姿は、まだ3年生なのに……と思うと不憫《ふびん》でならない。

そんな折、父の東京転勤が急に決まりました。はっきりすれば9月には上京することになるということでした。

(母の日記より)
パパの東京転勤の話が急に具体的になってきた。決まれば9月早々に行くことになるらしい。常日頃あんなに願っていたことなのに、こんなに簡単に決まると思うと何となくこの30年、生まれて育ってきた北海道に愛着を感じ、離れがたい気持ちになる。

「お父さんが転勤になれば僕も一緒に行けるだろう」と、心ひそかに思っているであろう信一に、「来年の3月まではおばあちゃんのところで待っててちょうだい」と言わなければならないと思うと心が痛む。心の中の想いを隠《かく》して「僕、平気だよ」と言う信一がいじらしいと私が言えば、パパは「これも信一を強く育てるための神の試練だ。あなたがそんなに気弱なことを言っていけない」と叱《しか》られた。

パパの東京転勤は、9月1日付で決まった。6日には発《た》たなければならない。上京する日、札幌駅におばあちゃんと一緒に送りに来ていた信一は、他の見送りの人たちの前で緊張していたようだったが、汽笛が鳴り、汽車がガタンといった瞬間、おばあちゃんの陰で泣き出してしまった。汽車が動き出すと、張り詰めていた私の気持ちも緩《ゆる》み、しきりとおいてきた信一のことが思われた。

家を挙げ　旅立つホームに　気弱くも　一人残れる子は涙ぐむ（幸子）

父が東京に転勤になって4カ月が過ぎ、冬休みも近づいたある日、兄からの便りが届きました。この冬、飛行機に乗って、1人で上京して来るとの報《しら》せでした。

（母の日記より）

旭川から小学校3年生の信一が1人で上京してきた。英司の学校をお昼で帰り、まっすぐ羽田空港に迎えに行く。どんなに心細い想いで着くことかと私の方が胸がいっぱいで待っていると、つい隣《となり》から帰って来たように平気な顔の信一に、拍子抜けしてしまった。

機内から　飛ぶようにして駆けて来る　子の丈のはや　吾に追いつく　（幸子）

翌日はクリスマスでした。

その夜、兄は乏《とぼ》しいお小遣いをはたいて、父と母にプレゼントをしました。父には日記帳、母には皮のブローチを、何と私との連名で贈ってくれたのでした。小学校3年生だというのに、何もしていない私と一緒に贈ったことにしてくれた兄のやさしさが私には忘れられませんでした。

そのころの私は、しきりにおもちゃの聴診器を使って、テレビのスピーカーから出る音を聞こうとしていました。「つまらないおもちゃにも、普通の子には及ばない使い道を考え出す英司がいじらしい」と母は言いました。

手を触れて　ひびきに音を　知るのみの　吾児そのたびに　目をかがやかす
（幸子）

翌日、ラジオに合わせて兄と一緒に歌っていた母に私は、「ママ、聞こえますか」と聞きました。「はい、聞こえます」と母は答えました。「英ちゃんは聞こえません」と固い表情で言った私は、しばらくの間、同じことを繰《く》り返し聞いたそうです。

その頃の私は、自分には聞こえない、しかし母や兄には聞こえる、という違いがわかっていませんでした。兄から「ラジオに歌が入っているよ」と教えてもらうと、つい今しがた母が言ったことを忘れたかのように、身体をラジオにくっつけて、聞き漏《も》らすまいと聞き入りました。

「何を言っているのだろう」と、難しいことを言われたような感じが一瞬しましたが、それでも難しいことを考えるよりも、目の前にある「不思議な存在（音）」の方に関心が向いて、母に言われた事実のことはあまり深く考えませんでした。

——身じろがず　ラジオに耳を　すり寄せて　体にひびく　歌を聞く吾児（幸子）

明けて1961（昭和36）年1月、早生まれの私に入学通知が来ました。

（母の日記より）

早生まれの英ちゃんに入学通知が来た。普通の学校には行けないものとあきらめていただけに、恨《うら》めしく思う。でも、そう言いながらも、心の片隅では入学通知書の来るのを、今日か明日かと心待ちにしていた私でもある。自分ではどうにもできない気持ちがはびこっているようだ。

1週間後、心にかかっていた英司の就学取り消しの手続きをするために、千葉の教育委員会へ行ってくる。係の人に理由など聞かれたときは淡々とした気持ちで話したつもりの私だったが、いざ、一歩外へ出た途端、「これで英ちゃんはもう普通の学校とは縁が切れたのだ。否、それ以上に普通の人間の世界とはまったく切り離されたのだ」と、無性に悲しみや、寂《さび》しさ、口惜《くちお》しさなどがない交《ま》ぜになったような気持ちが襲ってきた。

そんな母の気持ちなど知る由《よし》もなく、私は翌年、幼稚部の卒業式を迎えました。

（母の日記より）

卒業式。英司もいよいよ4月からは小学部になる。顧《かえり》みると、足元もまだ定まらないような幼《おさな》さで入学してから早3年の歳月が過ぎ去ってしまった。親も子もただ夢中で過ごしてきたこの3年は、時には長く感じたこともあったが、今振り返ってみて本当に短いものであったと思う。ゼロであった英司を今日まで引き上げてくださったのは、松沢先生を始め、諸先生方の深い愛情とご苦労の賜物《たまもの》と心から感謝の気持ちでいっぱいです。

英司のこれからの試練の道は、まだまだ遠く困難の多い道であろうと思われま

1961（昭和36）年3月、日本聾話学校の卒業式（左から、江口先生、母、大竹さん、大嶋校長、松沢先生、松岡先生に囲まれて）。ゼロから出発し、多くの先生方に導かれた3年間だった。私は「先生方、お友だち、お父様、お母様、お兄様、ありがとう。いっぱい、いっぱいありがとう」と力いっぱい叫んでいた。

す。つまずく心の支《ささ》えとなり、寂しいときの心の拠《よ》りどころともなってくださる先生方は、英司にとって終生心の灯となってゆくことと思います。

英司たちばかりではない。二重三重の苦しみに喘《あえ》いでいる人もいる世の中、身障者みんなにも住みよい社会が一日も早く訪れますよう祈ってやみません。

東京教育大学附属聾《ろう》学校へ
――人間的感情を引き出してくださった松崎節《せっ》女《こ》先生

松沢先生をはじめ、日本聾話《ろうわ》学校の諸先生への熱い想いを胸に、私は幼稚部を卒業しました。それを境に、日本聾話学校から、東京教育大学附属聾学校（現・筑波大学附属聴覚特別支援学校）へ転校しました。日本聾話学校の小学部へ進学する道、普通の小学校へ入る道など、いくつかの選択肢《し》がありましたが、高等部まで、高度のろう教育を受けられるということで、東京教育大学附属聾学校を選んだわけです。

――今日よりも　あすの幸せ　願いつつ　耳しいの子に　むち打つ我は（幸子）

これは、母が終生、肝《きも》に銘《めい》じて私と接した一句であり、私自身が心に刻印した詠《うた》でもあります。

私が日本聾話学校を去るとき、力いっぱい叫《さけ》んだ言葉は、「先生方、お友だち、お父様、お母様、お兄様、ありがとう。いっぱい、いっぱいありがとう」でした。

そして、NHKの『あるろう児とその母の記録』が終わった1961（昭和36）年4月、信一兄さんの旭川での生活も終わり、家族4人で暮らすことになりました。幼い兄が背負ってくれた悲しみや、寂《さび》しさ、つらさも当時の私には理解できず、ただ無邪気に兄と一緒にいられることのうれしさで心がいっぱいでした。

日本聾話学校から東京教育大学附属聾学校に転校したのは、松沢先生の薦《すす》めだと私は思っていました。

しかし、後でわかったことですが、転校を最終的に決めたのは母だったのです。

当時、日本聾話学校は中学部までで、卒業後は他のろう学校に移るか、健常者の普通校に移るかの選択が必要でした。東京教育大学附属聾学校は、高等部、専攻科と高度の普通科、職業科を備えた学校で、そのことが母に、附属聾学校への転校を決意させた大きな理由だったのです。

1961（昭和36）年4月、6歳になった私は、転校した附属聾学校で幼稚部をもう2年間学ぶことになりました。

転校した私が最初に出会った先生は、松崎節女《せつこ》先生でした。日本聾話学校時代、松沢先生は、声を出すこと、言葉を覚《おぼ》えること、言葉の持つ意味を理解し、話せるようになること、そして人の話を理解できるようになることを教えてくださいました。

一方、附属聾学校の松崎先生は、人間としての素直な感情を引き出し、言葉の奥にある感情、言葉を言葉たらしめている人間の気持ちに触《ふ》れてゆく学習をしてくださいました。それは取りも直さず、私が私に出会ってゆく歩みへと導いてくださったということになると思います。

これまでは、ただ懸命に言葉を覚えることだけにエネルギーを注ぎ続けたわけですが、その日から一転してライフスタイルが変わりました。

そして松崎先生の厳《きび》しい関わり方に、私は戸惑《とまど》いと驚き、不安を感じましたが、先生によって私は、それまで忘れていた、人間として大切なことを教えていただくことになったのでした。

松崎先生は、1951（昭和26）年、徳島県立聾学校を振り出しに聴覚障害児教育に携《たずさ》わり、いくつかの学校を経《へ》て、東京教育大学附属聾学校に赴任《ふにん》されました。1966（昭和41）年、それまで松沢先生が担当されていたNHKの番組『テレビろう学校』を引き継《つ》ぎ、その後15年間携わってこられた方でした。

後年、附属校に入った頃の私が、先生の目にどんな子どもとして映っていたか、聞いてみたことがありました。

先生は、「英司君は何でもしゃべることができ、人の話をよく読み取れる、6歳にしてはよくできた子どもさんだったわ。でもあなたは他の子と交わらない小さな紳士だった」と言われました。

附属校に転校したばかりの頃、別の先生が能力テストをしたところ、私の物を見る力は、12歳の子どもと同じ力を持っていることがわかり、驚いたそうです。日本聾話学校時代に松沢先生から、口元を見て言葉を読み取る読唇力《どくしんりょく》を育てていただいた成果でした。

しかし、同時に、松沢先生や、母、そして周りの人の気持ちを、子どもなりに受けとめ、母から絶え間なくやってくる「英ちゃん、がんばれ」「できる子であってほしい。立派な子になってほしい。失敗しないで」という無言のメッセージを、プレッシャーとして感じていたせいもあったかもしれません。

松崎先生は、6歳の私が「小さな紳士」のように振る舞うことを悲しまれ、松橋英司という素顔の私、6歳の子どもの自然な感情を引き出そうとしてくださいました。私にとって松崎先生は、厳《きび》しく怖い先生という印象がずっとありました。ヘレン・ケラーに体当たりでぶつかって教育した、サリバン先生を思わせるような方であったと思います。

2005年に出版した『だから伝えたい』の執筆の折、松崎先生を妻と一緒に20年ぶりにお訪ねしました。

当時、先生は、熱海《あたみ》で元気に一人暮らしをされていて、幼稚部当時の私のことを様々語ってくださいました。

「もし他の先生なら、あなたの発音の立派さをうんとほめ上げて、関わる教師として有難く最敬礼をして迎え入れたかもしれません。でも私は、子どもを見るとその子に適した扱いをして、真正面からぶつかってゆかなければ許せない人間だったから、英司君にもそうしてきました。確かにあなたの発音はきれいで流暢《りゅうちょう》、でも、そこには6歳の子どもらしさがなかった。例えば、どんぐり拾《ひろ》いをした後で、他の子どもたちに『どうだった?』と訊《たず》ねると、子どもたちは身体中でそのときの様子や気持ちを表すのに、あなたは、『今日、僕は○○公園に行きました。そしてどんぐりを拾いました』と、とても立派な答えが返ってくるのです。で、『そうじゃないでしょ、英司君。もっと何か感じなかった?』と迫《せま》るわけです。あなたはそんな子だったのよ」

先生からはゲンコツも何度か受けましたが、そのおかげで私は少しずつ成長し、自分の中にある感情を取り戻していったように思います。

先生の怒りは、私を私として生きさせていない何かに向かっての怒りだったのかもしれません。

また、ゲンコツも、話して聞かせるより身体で知ってもらおうという、手っ取り早い方法での体罰ではありませんでした。なぜなら、40年近い年月を経《へ》た今も、私は先生の愛情と温《ぬく》もりを忘れたことがないからです。

しかし、あるとき、母は、松崎先生のあまりの厳しさに耐《た》えかねて、というより、「自分がこれだけきちんと育てたはずの子をなぜ?」という理不尽《りふじん》な想い、叱《しか》られる我が子を見ると、自分の不甲斐《ふがい》なさを突《つ》きつけられるようなつらさに、「もう先生にこの子を預けることはできません、連れて帰ります」と言って、母が私の右手を、松崎先生が私の左手を引っ張り合ったことがありました。

そのとき、母はまだ、松崎先生の私への愛情に気づいていなかったのだと思います。しかし、後年、母は、私の進路のことなどで思案《しあん》に暮れたとき、熱海まで松崎先生を訪ねて、相談したことがあったそうです。

私がラジオやテレビに出ていた頃、わからないことがあると松沢先生はすぐに教えてくれました。私がカンシャクを起こさないように、とにかく撮影や収録に支障が出ないように大事に扱ってくれました。いつしか私は、それが当然になっていたのだと思います。松崎先生は、そんな私を見抜いていたのかもしれません。その後の私が、どんなにわからなくても、決してすぐには教えてくれず、自分で考えるようにし向けてくれたのでした。

今思えば当たり前のことですが、当時の私はしてもらうことしか知りませんでした。先生は私の甘えた態度を許してはくれませんでした。そんな仕草を少しでもすると、すぐにゲンコツが飛んできました。

今でも好き嫌いはたくさんありますが、当時は肉、魚、野菜、特に生野菜はこの上なく嫌いでした。そんな私ですから、お弁当に嫌いなものがあって残すと、その日は学校が終わっても、お弁当を食べ終わるまでは帰してもらえませんでした。そういうときは、「先生なんか大嫌い」と思いました。

でも先生は、私をほったらかしにしたのではなく、嫌いなものを食べやすいように切ってくださったり、「全部でなくてもよいから一つまみだけでも食べなさい」と言ってくれたりしました。

好きなことだけやりたい。好きなものだけ口にする。それが当たり前だった私にとって、松崎学級は、それまでのやり方が通用しない、価値観の違う世界でした。

日本聾話学校時代、私は、クラスの子たちと一緒に遊んだこともなく、おしゃべりした記憶もありませんでしたが、附属聾学校に移ってからは、一緒に遊んだりはしゃいだりした楽しい思い出がたくさんあります。しかし、心と心で触れ合うことをしてこなかった私には、何でも話し合えるような友人はいませんでした。

松崎先生がおっしゃったように、私は感情を表すことなく、頭だけで話していたのかもしれません。常に友だちとの間に距離があったように思いますし、当然、友だちも私を敬遠していたと思います。寂しい子ども時代でした。

そんなあるとき、松崎先生の招待でお住まいのマンションをお訪ねし、一晩過ごしたことがありました。それは私にとって、忘れることのできない思い出になりました。

クラスの子は全部で8人、子どもたちの母親も一緒だったので、総勢16人で遊びに行ったのです。夏の日だったので、スイカをご馳走になりました。そのスイカは実が黄色くて、初めて口にした私たちは、興奮してワーワー騒《さわ》ぎました。そんな私たちを、先生はうれしそうに見ていました。

松崎先生は、自分が嫌われるかどうか、そんなことはどうでもよかったのではないかと思います。私にとっては、松崎先生と出会えたことが本当に有難いことでした。

小学部へ——忘れがたい岡辰夫《たつお》先生との出会い

1963（昭和38）年4月、松崎先生の指導のもとで、集団生活に溶《と》け込むことができた私は、2年遅れで小学部に進むことになりました。

小学部の最初の担任は岡辰夫先生でした。

岡先生も口話教育に徹《てっ》した先生でした。口話教育というのは、読唇《どくしん》での会話によって勉強することです。他に手話を使って教育する方法もありましたが、当時は口話教育が主流とされていました。それは、日本聾話《ろうわ》学校における早期教育の影響であると思います。

岡先生との思い出はたくさんありますが、心に残っているのは、生徒の間で宿題魔《ま》というあだ名があるくらい、毎日宿題を出すことでした。そのほとんどが翌日提出だったので、とても遊んでいる暇《ひま》がないほどでした。

さらにきつかったのは、小学校1年生であった私たちに、九九の暗算を覚《おぼ》えさせたことです。先生は、一人ひとりにつきっきりで、覚えるまで手伝ってくれました。苦しい想いをしましたが、これがきっかけで、のちに私は数学が大好きになりました。岡先生は、手話がとても上手な先生でした。どんなプロの手話通訳者でも岡先生には及ばないと思います。

振り返って見ると、その技術もさることながら、聞こえない者の心の襞《ひだ》まで理解して手話で表せる人に、私たちは初めて出会ったのでした。

しかし、その頃の学校の方針は、口話教育が主流でしたから、岡先生が担任の2年間、私たちの手話は一切《いっさい》禁止でした。

岡先生との出会いもまた、私の人生にとって忘れがたい出会いであり、人間の意図を超えた力によって恵まれたとしか言いようのないものでした。

岡先生とはその後、お会いする機会はほとんどありませんが、２００４（平成16）年、岡先生のところへ遊びに行った先輩に、「私の教え子は今どうしているだろうか」と聞かれたことがきっかけで、「岡先生を囲む会」を開くことになりました。

岡先生は、御年86歳になっていらっしゃいましたが、お元気の様子でした。

私もその会の発起人の一人として準備を進めてゆくと、岡先生は私たちを受け持つ前に、すでに10年もの間の教え子である先輩がおり、そして、私の後にも15年間の後輩という多くの教え子たちがいることを初めて知りました。中には転居して住所が不明という方もいましたので、探すのに手間取りました。

また、当日を迎えるまでにはいくつかの試練がありました。

一つは発起人の気持ちがバラバラだったことです。

例えば、ある方から「このようなことをしたいけれどどうですか」と提案があると、他の仲間から「準備するだけでも大変な上に仕事を増やしたら身が持たないよ」

と反対意見が出たりして、どうしてもまとまらないのです。

それでもう一度みんなで話し合い、次の3つの願いを打ち立てて、準備を進めることを提案しました。
①岡先生と出会えたからこそ、今、私たちは聴覚障害を背負おうとも、こうして一人ひとりが少しでも社会に貢献し、役に立つことができることへの感謝の念を表す場としたい。
②久しく会っていない旧友が再会することによって、絆《きずな》を確かめ合い、ご一緒させていただいたことへの感謝と歓びを分かち合いたい。
③先輩や後輩、そして旧友の絆が、この場をきっかけにさらにつながってゆけるようにしたい。
皆さんはこの提案を快く受け入れてくださり、反対していた方も、自然と「大変だけれど、やるだけやってみよう」と言ってくれました。その願いを常に胸に抱《いだ》き続けた発起人たちは、さらに心構えとアクションプログラムを共有して、「岡先生を囲む会」に臨《のぞ》みました。

心構えとして、「ようこそ」の気持ちで、集って来る教え子たちを迎え入れること、参加者の方に笑顔で対応すること、そして、ご高齢である岡先生や最初の教え子たちに対する配慮を心がけることを前提にして臨むことを確認し合いました。

さらに、会場内での問い合わせは担当ごとで受け入れること、教え子たちのプライバシーが侵害されないように心がけること、年上の人が立っていたら、快く席を譲《ゆず》れるように促《うなが》すこと、そして、岡先生が一人になる場を極力避《さ》けることを常に心がけて、「岡先生を囲む会」を進めてゆきました。

岡先生は、「5、6人集まればよい方だよ」とおっしゃっていましたが、当日は、40人を超える教え子が集まりました。

岡先生はことのほか喜ばれ、そのお顔は時間、空間を一気に超えて、すっかり40年前、50年前に戻り、当時の先生と教え子の出会いとなり、一人ひとりとの出会いを心から懐《なつ》かしんでいらっしゃいました。

優しい言葉をかけていただいて、涙ぐんでいた方も大勢いました。

和《なご》やかな雰囲気の中で行われた「岡先生を囲む会」の3時間はあっという間に過ぎ、先生との別れを惜《お》しみ、皆さんは何度も握手して、そして、何度も何度も振り返って帰ってゆかれました。

気がついてみれば、当初の願い通り、絆の海がそこに立ち現れていました。

後日、発起人の反省会を開きました。

その場では、「岡先生のために何かやりたいと思っていましたが、私一人では何もできないので、皆さんと一緒にやれてよかった。ありがとうございました」という、囲む会を提案してくださった方の声、そして「準備は大変だった。一時はどうなることかと思ったけれど、皆さんが私を信用してくださったので最後までできました。お陰で支《ささ》えさせていただくことの歓びを味わうことができました。ありがとうございました」と最初反対した方の声など、それぞれが支えることの歓び、そして何より絆を感じた歓びに満たされました。

願いを持たなかったがゆえにバラバラだった発起人の集まりから、願いを確かにして集いに臨むことによって得られた成果を讃《たた》え合った、本当にうれしい、忘れられない出会いとなりました。

話を元に戻しますが、小学部では3人の先生に受け持っていただいて、6年間を過ごしました。

通学には、学校のある市川まで電車を利用しました。楽しい学校生活でした。

私の家は、父の転勤で、稲毛、本八幡《もとやわた》、飯田橋、中野と、小学部6年の間に4回引っ越しました。引っ越すごとに街並みが変わるので、いつも新鮮な驚きと喜びを感じました。

また、嫌な想いも味わいました。それは、私たち聴覚障害者は、圧倒的に多い健常者から見れば、明らかに異質な人間であり、人間として不足しているというレッテルを貼《は》られ、払拭《ふっしょく》しようのない悲しみを思い知らされたのです。

私たちは、小学低学年の頃は、親（普段は母親）の同伴で通学しました。というのは、保護者と一緒に行くことで、学校で習ったことを家庭で復習させるためです。

ですから聴覚障害者にとって、親は、家庭においては先生同様の存在でした。

母親たちは、学校で学んだことをすべて記録し、学校だけでは理解しきれないことを、先生に代わって納得するまで繰《く》り返し覚《おぼ》えさせてゆくのです。

しかし、高学年になると、保護者抜きで通学することになります。それが私たちの自立の始まりでした。

私の場合も、それまでのほぼ8年間、母によって世間の波風から守られてきました。どんな風が待ち受けているか知る由《よし》もなく、1人での通学に冒険心を感じてワクワクしていました。

本八幡駅から市川駅までたった1駅、時間にして5分ほどの短い距離だったのですが、1人で電車に乗ることがうれしく、自分が大人になったような気分になって、周りのことは何も目に入りませんでした。学校に向かって進むだけで精いっぱいでした。

1人で通い始めてから2年くらいたった頃、私たち一家は、本八幡から飯田橋にある官舎へ引っ越しました。通学時間が何倍も長くなったので、私は電車に乗るのがいっそう楽しみでした。車窓からの景色、特に街並みを眺《なが》めることが、耳の聞こえない私にとって大きな楽しみの1つだったのです。

また、車内の人たちを眺めるのもそうでした。大人の男の人、女の人、老人、若い人、大学生、高校生……。どの人も、私より大きい人ばかりでした。

口を大きく開けて居眠りをしている人。吊革《つりかわ》に寄りかかりながら今にも倒れそうな格好で立ち寝している人。分厚い本を一生懸命読んでいるサラリーマン風の人。楽しそうに話し合っている恋人同士らしい2人。つばぜり合いしている男たち……。

色々な顔にあふれる車内の眺めが、私には何より楽しく、世界に対する窓を開いてくれました。そして、いずれ私も、この人たちのようになってゆくのだろうと思いました。

しかし同時に、好奇の目で眺めている人たちがいることを、当時の私は知りませんでした。

その頃の私は、耳に大きなイヤホンのある、開発途上の補聴器をつけていました。当時、補聴器はまだ一般には知られていませんでした。

あるとき、携帯ラジオと間違えた競馬好きのおじさんに「貸してくれ」と言われたことがありました。今思えば笑い話ですが、小学生の耳にイヤホンらしきものがあるので、ラジオだと思ったのでしょう。そのようなまなざしはいつも受けていましたが、どうして私の方ばかり見るのか、そのときはわかりませんでした。

また、車内で友人たちと手真似でやり取りしていると、無声で話し合っている私たちの場所が、ぽっかり穴が開いたような不思議な空間に感じられるのか、私たちを見るまなざしには、明らかに差別や侮蔑《ぶべつ》が込められているように感じました。

私が世間の風を直《じか》に感じ、自分が普通の人とは違う世界に生きている人間であり、そこには超えがたい見えない壁が立ちはだかっていることを初めて感じた出来事でした。

「何見てるんだ！　僕たちは見世物じゃない。そんな目で見るな！」

そう叫びたくなるような、やり場のない怒り、悲しみ。それをどこにぶつけたらいいのかわからない憤《いきどお》りを感じました。同時に、自分の存在を否定的に考え始めたのもこの頃でした。

悲しみと痛みの中にありながらも、学校生活はそれなりに楽しく、成績もまずまずでした。と言ってもクラスの人数は少なかったので、本当の意味で勉強ができたとは言えないのです。「井の中の蛙《かわず》大海を知らず」でした。

しかし、勝手な優越感に浸《ひた》ってしまった私は、「自分は他の人とは違う特別な人間なんだ」と、その頃から思い始めました。

同時に、「特別な人間」である私の耳は、いつかきっと治るに違いないというとんでもない幻想を抱《いだ》くようになっていました。

耳が聞こえるようになることを切望し始めたのはこの頃です。

私は、ちょっとでも音が聞こえてくると、本当に聞こえるようになる兆《きざ》しではないかと思い、心臓がドキドキと打ち、その期待に胸を膨《ふく》らませました。

しかし、どんなに待ってもその時は来ない。しかし「もしかしたら……」と、どれほどエネルギーを使ったかわかりません。

私は、耳が聞こえるようになることをどうしてもあきらめきれませんでした。聞こえるようになること以外の幸せが考えられず、「聞こえるようになりさえすれば、人生はすべてバラ色になる」と思ったのです。

そして、「勉強を怠《おこた》りなくすれば、また人に認められるようになれば、耳は与えられるかもしれない」とまで考えたのでした。

そんな気持ちを抱《いだ》いたまま、1969（昭和44）年、私は中学部に進みました。

中学部、高等部へ——夢と希望を抱《いだ》いて

中学部に入って、佐藤悦《えつ》先生と出会いました。

佐藤先生は山形生まれの人で、どちらかと言うと控えめで、活動的には見えないのですが、実際はアウトドア派で、その活発な行動にはとても新鮮なものを感じました。

先生は、私たちを毎年スキーに連れて行ってくださいました。

そのお陰ですっかりスキーの虜《とりこ》になった私は、その後も、機会があればスキーに行くようになりました。

また、夏休みには、山登りにもよく行きました。

初めて本格的な登山をしたのは、雲取山《くもとりやま》へ一泊で行ったときのことです。

それまではハイキング程度の山しか行ったことがなかったので、雲取山は、山登りの苦しみと、登り切ったあとの何とも言えない爽快感《そうかいかん》を初めて味わった体験でした。

その後、私は山がすっかり好きになり、計画を立てて友人とよく登ったものでした。

佐藤先生には、スキーや登山ばかりでなく、卓球の楽しさも教えていただきました。

先生は、多くの学生に分け隔《へだ》てなく接したので、自宅に遊びに行く学生の絶え間がないほど、好かれていました。

佐藤先生に出会えたお陰で、中学生活はとても楽しく、充実したものとなりました。

中学3年生のときに私が書いた作文があります。母が大事に残しておいてくれたものです。

MY HOPE

中3　松橋英司

「僕は耳が聞こえないんだ」と自分で気がついたのは、いったいいつ頃だったのだろうか。僕は、ふと、そんなことを考えながら、昔のことを思い出してみた。幼稚部に通っていたころ、そのころは幼い夢でいっぱいだったように思う。マンガの主人公を見れば「あんな人になりたい」と思い、パイロットになりたいと思い、その他、将来にたくさんの希望を持っていたように思う。

でも、小学部に進んだころだったろうか、「お父さんもお母さんも耳が聞こえる。お兄さんも聞こえる。僕だけが聞こえないんだ」とはっきり気がついたのだ。そして、お母さんに、どうしてなのか原因を聞いたことがある。どうしてお父さんと結婚したのか、しなかったら僕も生まれなかったのにと、責めたこともあるような気がする。

そのとき、母とみんなが一生懸命、力を尽《つ》くしてくれたけど仕方がなかったのだと話し合ったように思う。僕はそのときから「聞こえなくたって、努力さえすれば」と思った。

そして、将来の目的も決まった。

しかし、耳の聞こえない僕たちは、聞こえる人たちに比べて知識や常識がやや劣《おと》っているように思える。聞こえる人たちに負けないように社会に出ていくためには、普通の人の2倍、3倍も努力しなければならないと思う。

でも僕はへこたれないで頑張ろうと思う。目的達成への道は険《けわ》しくても、一歩一歩着実に歩んでいこうと思う。


そんな想いを抱《いだ》いて、夢と希望をもって高等部に進みました。

そして、高等部を卒業する時期に近づいた頃、私は、大学に進学するか、同じ敷地内にある歯科技工科に進むかで随分迷いました。

大学へ進めば、大好きな数学を選ぶことができるのですが、社会に出てそれを生かすことには自信がありませんでした。

また、それ以上に自信がなかったのは、大学を受験することでした。「もし落ちたらどうしよう」と恐怖がはたらき、受ける前から尻込《しりご》みしていたのです。

挑戦する心がないとは、さすがに先生にも友人にも言えませんでしたが、進路については友人に相談しました。さらに両親や先生とも相談した結果、「聴覚障害者は、手に職を持つ方が将来安心できる」というアドバイスに従って、歯科技工科へ進むことを決心したのです。

歯科技工科への進学

1975（昭和50）年3月、高等部を卒業した私は歯科技工科に入学しました。歯科技工科に進んだことは、人生の大きな転換点になりました。

私たちのクラスの半数は同じ学校の高等部から入ってきた人たちで、残りの半数は他の大学や健聴者と一緒に学んで普通高校を出た人、また他のろう学校を出た人たちでした。

歯科技工科の修了年数は普通校（歯科技工士養成所）では2年間ですが、私たちの学校は3年制でした。

幼稚部から高等部まで同じ敷地内にありましたので、歯科技工科は高等部の延長のように感じられました。校則も高等部と同じで、制服の着用が義務となっていました。

歯科技工科に入った当初、私は中野の警察官の官舎に住んでいたのですが、1年生の夏休みに急に父の仙台転勤が決まり、両親は引っ越すことになりました。

私は一人暮らしを余儀なくされ、アパートを探すことになりました。

不動産屋の紹介で、学校から少し遠かったのですが、松戸市矢切《やぎり》に下宿を見つけました。有名な「矢切の渡し」や「野菊の墓」の舞台まで歩いて15分ほどのところです。学校まではバスで20分くらいでした。

一人暮らしは前から憧《あこが》れていたので、この引っ越しは、とてもうれしい出来事でした。というのも、厳格な父から解放されたいとずっと思っていたからです。

普段の生活でも、すべてにおいて「こうすれば、ああなってしまうのだ」と事例を挙げて言い募《つの》り、私にしてみれば「やってみなければわからない」と思うようなことでも、「結果がわからないのにやるのはおかしい」というのが父の考えでした。

その意味では、兄は私以上の犠牲者でした。

兄は大学時代、音楽が好きで、ギターやピアノも上手に弾いていて、大学卒業後は音楽の道に進みたいと願っていました。しかし、その兄に対して父は、自分の知り合いのオーケストラの方にわざわざ自宅まで来ていただき、いかに音楽で生活してゆくことが大変かを懇々《こんこん》と話していただくのでした。

ですから、私がやりたいと思ったことも、ことごとく止められました。そんな暮らしから自由になりたくて、「一人暮らしをしたい」という願いが急に実現することになった喜びはたとえようもありませんでした。


引っ越しも終わり、新しい暮らしの準備が整った頃、東京教育大学附属聾《ろう》学校は、創立100周年を迎えていました。その記念行事の一つとして校歌の歌詞の募集がありました。(実は、附属聾学校には、100年もの間、校歌がありませんでした)。

夏休み前にその募集要項が出ていて、私も応募したいと密《ひそ》かに思っていたのですが、2学期が始まるまで、引っ越しの忙《いそが》しさの中ですっかり忘れていたのです。

それに気がつき、2学期が始まった1日目、学校から帰った私は、さっそく歌詞の作成にとりかかかり、徹夜で完成したのでした。

学校が建っている市川に息づく土地の歴史や香りを、歌詞に託《たく》したいと願って作ったつもりですが、時間がなかったので、心に浮かぶ言葉をそのまま3番まで書き上げ、翌日学校へ提出しました。

小高き杜《もり》の　国府台
豊かな江戸川　のぞみつつ
わが学び舎《や》は　ここにたつ
誇ぞ高き　附属校

欅《けやき》の木々に　抱《いだ》かれて
古き歴史の　跡に建つ
強き若人《わこうど》　夢多し
想いはぐくむ　附属校

万葉集や　古き文《ふみ》
多くの名作　残さるる
ここに建ちたる　学び舎は
われらの楽園　附属校

（昭和50年11月３日）

その後、選考結果の発表があることも忘れて、学業に文化祭にと忙《いそが》しい日々を送っていました。

そんなある日、「おめでとう」と何人かの先生から言われました。何のことかわからず、ある先生にお聞きして初めて私の作った歌詞が校歌に選ばれたことを知りました。

他にも応募した人がいたこと、それも先輩の方々も多数応募していたことを知り、初めて自分が身のほども知らずに、畏《おそ》れ多いことをしてしまったんだと一瞬唖然《あぜん》としました。

先生方からは、「この校歌は、松橋さんが亡くなっても学校がある限りずっと続くのですね」言われました。

今でも、入学式や卒業式、始業式や修業式など式典の度に歌っていただいていることを感謝しています。

また、一人暮らしを始めてさらに気がついたことがありました。

家族との生活では、当然、親と話し合う時間が多かったわけですが、一人暮らしを始めると、友人との語らいの時間が多くなりました。

ところが、友人と話せば話すほど、私の考え方と、友人たちのそれとの間に大きな隔《へだ》たりがあることを感じるようになっていました。

いつも「自分の考えが間違っているんじゃないか」と感じる出来事が多く、私自身が否定されたような気持ちになったのでした。

それまでの私は、父に反発はしましたが、親である父、しかも警察官である父の言うことに誤りはないと思い込んでいましたので、父から仕入れた私の考えと、みんなの考えがあまりに違うことが信じられなかったのです。

しかし、次第に私は、「父の考えが間違っているのではないか」と思うようになってゆきました。そして、「父が私に間違った教育をしたため、友人に否定され、恥ずかしい想いをした。私の人生は、父のお陰で悪い方向へ行ってしまった」と思い、絶対と思っていたものに裏切られた口惜《くちお》しさ、怒りさえ覚《おぼ》えたのです。

それからの私は、友人と車を運転して首都高速で事故を起こし、そのためにかかった費用を両親に出してもらい、また、朝、どんなにバイブレーターにタイマーをかけて枕《まくら》の下にセットしても、翌朝になると、とんでもないところに弾《はじ》き飛ばしてしまうので、何ら役に立つことがなく、遅刻の常習犯となり、たびたび先生方にお叱《しか》りを受ける問題児となりました。歯科技工科の3年間は、本当に周りに迷惑をかけることの多い日々でした。

また、その頃は、国家試験合格という目標に向かっていた時期でしたが、そのままのライフスタイルでは、合格も危《あや》ぶまれました。

しかし、何とか1978（昭和53）年、23歳のとき、人生の一つの区切りである国家試験の関門を突破することができました。

「これからは、正々堂々と胸を張って歯科技工の仕事をすることができる」と思うと、お腹の底からうれしさが込み上げてきました。

そして、4月から、私は社会人としての一歩を踏《ふ》み出すことになりました。

結婚

父は、仙台で2年間の勤務を終え、次なる転勤地が山梨県警であったことから、私も両親と一緒に甲府に転居しました。

そして、歯科技工士としての最初の仕事場となったのが、山梨県東八代郡《ひがしやつしろぐん》（現・笛吹市《ふえふきし》）石和町《いさわちょう》にある歯科医院でした。

石和町には湯治《とうじ》治療のできる病院がいくつかあり、その中のある病院で、働く人たちの中から自然発生的に生まれた手話サークルがありました。

会の名を「ふえふき」と言いました。

週1回、歯科医院の勤務を終えたその足で、私は「ふえふき」に参加していました。

私たちがいつもの時間に、手話サークルの教室に入ってゆくと、一人の女性が支度《したく》を整えて待っていました。彼女はテキストを配布したり、テーブルを拭《ふ》いたりして、みんなが気持ちよく、すぐに学べるように、毎回準備してくれるのです。

配布されるテキストも、彼女が自らイラストを描いて作成したものでした。

サークルでの学習が終わった後は、近くの喫茶店などへ行って、聴覚障害者、健聴者の境なく、温かな交流の場として、気軽に話し合う時間を設けていました。

その二次会の会場で、あるとき「あと誰《だれ》が来るの？」と聞くと、誰かが「小野さんです」と答えました。私は「小野さんて、誰？」と聞いてしまうほど、私の中では印象の薄い人でした。

彼女は、存在感が薄かったというより、いつも陰になって尽《つ》くしている人でしたから、気づかなかったのだと思います。テキストを作っても「私が作ったのよ」という顔をせず、出しゃばったところもなかったので、私には目立たずおとなしい人という印象でした。

１９７８（昭和53）年の秋口になって、手話サークル合同でハイキングの企画が持ち上がり、山梨県では有名な身延山《みのぶさん》へ行くことになり、私も小野さんも参加しました。身延駅を降り、身延山へ向かうバスの中で、偶然にも小野さんと隣《とな》り合わせになりました。お互いに話をしているうちに意気投合し、身延山の休憩所でも随分話をしました。そのとき、私の家では、年末に父の定年退職が決まっていて、定年と同時に山梨を後にすることも伝えました。

そして、その年の12月、父は定年を迎え、予定通り私たち一家は再び東京に引っ越したのでした。

新しい住まいは東京都下の小金井市でした。

引っ越してからも、彼女とは月に1回程度、文通を続けました。聞こえない私にとって、電話という手段はありませんし、また、現在のようなメールもありませんでしたから、手紙で近況を知らせることが唯一《ゆいいつ》の方法でした。

学生時代の私は、「自分は晩婚タイプだから、クラスでは一番遅く結婚するだろう」と公言していました。

しかし、その言葉に反して、クラスの中で一番早く結婚したのが私だったのです。

そこには、複雑な、そして私の勝手な事情がありました。学生時代、私は両親に対して心を閉ざすようになり、心の奥底では恨《うら》みさえ抱《いだ》くようになっていました。そのために、「早く親元を離れたい」と思っていました。「それには、結婚すればいい。そうすれば一人前扱いされ、親元を離れることができるし、親の言うこともいちいち聞かなくてもよいだろう」と考えたのです。

彼女には申し訳ないのですが、私は最初から健聴者と結婚したいと意識していたわけではなく、彼女でなければならないと思っていたわけでもありません。

確かに彼女はやさしいし、温かな心の持ち主でしたので、人柄については好感を持っていましたが、それ以上に「一時も早く親元を離れたい」というのが結婚しようと思った誰《だれ》にも言えない理由でした。

しかし、私のもくろみは、そう簡単には果《は》たせませんでした。

まず、父の反対に遭《あ》いました。その大きな理由は、彼女が私より年上だったこと、そして、離婚経験があるということでした。また、母は、何よりも聞こえない我が子が聞こえる人と結婚してもうまくいかないのではないかと心配しました。

しかし、最終的に、父の反対を解いてくれたのは母の一言でした。

小野さんの実家は果物農家でしたが、父親が働き盛りの48歳で突然、脳溢血《のういっけつ》で倒れ、長いこと寝たきりの状態が続いていました。その父親を、母と弟と一緒に懸命に看病している彼女の姿を見て、「こういう家庭の娘さんなら、耳の聞こえない息子を託《たく》せると思う」と、母は言ってくれたのです。

警察に勤務していた父は、あっという間に彼女の経歴や職場での様子、近所の評判などを調べ上げていましたが、何の問題点も見出《みいだ》せず、母の一言に不承不承《ふしょうぶしょう》ながら、何とか承諾してくれたのでした。

しかし、一方で彼女も悩んでいました。

耳の不自由な私と本当にうまくやっていけるのか、自信もなく、手話サークルの仲間や友人たちも含め、周りはほとんど反対。何よりも寝たきりの父親を、母親とまだ若かった弟に託《たく》して家を出てしまうことに心を痛めていました。

しかし、そんな彼女の背中を押してくれたのは、やはり彼女の母親でした。

1980（昭和55）年10月、私の両親と同居する形で私たちの結婚生活はスタートしました。

私としては一刻も早く両親との同居を解消したかったのですが、その頃の私の給料では到底《とうてい》生活を支《ささ》えることは難しく、仕方なく、しばらくの間だけというつもりで同居したのでした。

しかし、同居してみますと、新たな問題が生じてきました。

それは、私の両親の、特に母親の私に対する思い入れが想像以上に強く、妻の入り込む隙間《すきま》がないということでした。

耳の不自由な子どもを抱《かか》えた母がどれほど苦労して私を育ててきたか。

それゆえにまた、父からは「俺《おれ》はまだ、本当には認めていないぞ」と言っているような構えがそこここに伺《うかが》えました。

食事のときも、父は妻とは絶対に話をしませんでした。妻は無言の圧迫を感じ、そんなことが毎日続くうちに、やがて恐怖と悲しみで食事ものどを通らなくなりました。

そのことを私にも言えずに一人で抱《かか》え込んでいた妻は、あっという間に体重が10キロ近く減り、このままでは精神的な病気になるという危機感を覚《おぼ》えた私は、ついに両親との別居に踏《ふ》み切りました。

そして、私はますます父への反発を強めていったのでした。

引っ越しの当日、母は泣きながら見送ってくれましたが、その日は新しい家には来ませんでした。母にしてみれば、苦労して育てた我が子に裏切られたような気持ちだったと思います。

私にとっても、ここまで両親に反発して譲《ゆず》らなかったことは、それまでなかったことでした。ずっと我慢し続けてきた、どうすることもできない衝動《しょうどう》に駆《か》られ、それが爆発したような感じでした。ですから、妻と2人で家を出たときは、もうこれで親子の縁を切ったような気持ちすらありました。

しかし、その後、ずっと両親を気遣《きづか》い、声をかけ、時に訪問しては間をつなぎ続けてくれたのは妻だったのです。

強引に始めた2人だけの生活の場所は、会社から車で5分ほど、稲毛浅間神社《いなげせんげんじんじゃ》からそう遠くないところにありました。

仕事は相変わらず忙《いそが》しく、会社までの距離が近くなったことも災《わざわ》いして、帰宅時間は深夜に及ぶことが普通となり、時には明け方の2時、3時になることも多くなってゆきました。

デンチャー部門（義歯）で家が一番近かったのは私で、その次に近い人でも車で30分ぐらいかかり、他の方は電車が動いている時間内しか残れないという状況でした。

そこで私は、少しでも皆の負担を軽減しようと考え、朝早く出社して仕事を始めることにしました。朝6時半から始め、9時の始業時まで2時間半余分に働けば、仕事がもっとはかどると思ったのです。

しかし、いくら早朝から仕事をしても、終わる時間は一向に早くならず、いつものように夜中の2時、3時でした。

帰宅が遅く、身体がつらくても、歯科技工という仕事自体は面白かったので、あまり不満は感じませんでした。

当時、仕事に夢中だった私は、毎日一人で留守番をしている妻の気持ちを思いやる余裕はありませんでした。それに、妻の不安や寂《さび》しさを聞けば、自分の生き方を変えなければならなくなり、そうなったらこの人生に負けてしまうという気持ちもありました。ですから、ほとんど話をすることもなく、妻の話を聞くよりも新聞を端《はし》から端まで読むことの方が私にとっては大事な日課だったのです。

それに、聞こえないので、背中で何かを言われてもわかりません。いちいち手の届くところまで来て、肩を叩《たた》くなりして、話があるという合図をし、お互いに顔を向き合わないと会話は成立しませんので、そのことだけでも慣れない妻にとっては大変なことだったと思います。

それだけでなく、聞こえない世界で生きてきた私と、健常者として生きてきた妻との様々な違いが、お互いの気持ちを噛《か》み合わなくさせていました。

次第に無口になり、少しずつ溝《みぞ》が深くなってゆくのを感じていました。

耳の聞こえない私たちは、長い歴史の中で社会の偏見や差別と闘ってきました。

それは同時に、健常者の世界との闘いを意味するものでもありました。

また、彼女自身も、「私は健常者だから支《ささ》える人、あなたは聞こえないから支えられる人といった差別心が自分の中にあった」と言ったことがありました。

結婚後、私は妻にこう言い続けていました。

「僕は聞こえないからといって、他人のお世話にはなってこなかった。君のお世話にもなっていないし、聞こえていてもいなくても、まったく平等だと思っている」

妻は、「もうあなたとは口をききたくない」という顔をして、その場からいなくなってしまうのが常でした。

しかし、そんな私の気持ちに反して、昔お世話になった方々にお会いして、決まって言われるのは、「いい奥さんですね。内助《ないじょ》の功《こう》が大きいですね」という言葉でした。耳の不自由な私と結婚して苦労したでしょうと言わんばかりに、妻を労《いたわ》ったり、ほめたりしているのかと思うと、これまた皮肉に聞こえてしまうのでした。

ですから、妻へのほめ言葉には、「ん、まあ」「そんなこともありませんよ」などと言ってしまい、これがまた妻を傷つけ、喧嘩《けんか》になることも何度かありました。

両親と暮らしていたときは、「立派なご両親ですね。ご両親あってのあなたですね」と言われ、結婚してからは「奥さんの内助の功が大きいですね」と言われ、「いったい俺《おれ》の存在はどうなっているんだ！」と、反発まじりの不満をつぶやきながら、しかし、心の奥底には、「自分も人様のお役に立つ人間でありたい。いつかそう言ってもらえるような自分になりたい」とひそかに願ってもいたのです。

妻は、私と結婚してからの数年間、大きな試練が続きました。私の両親との葛藤から始まり、私との葛藤、さらに結婚4年目に父親が亡くなり、その後、私の母が糖尿病と大腸がんで入院、手術――その看病に、妻は、千葉市内の病院に毎日通っていました。

そして、父親が亡くなって2年後の2月のある朝、仕事に出かけるために起きた弟が、母親と朝食をとった直後、「具合が悪い」と言って横になったまま、帰らぬ人となってしまったのです。

父親と弟を続けて亡くし、大きな家に母親が一人残されました。末っ子の一人息子だっただけに、母親の悲しみの深さは尋常《じんじょう》ではありませんでした。

いっときはうつ状態のようになり、ボーッとして何も手につかない日々が続き、妻は私の母の看病を叔母にお願いして、母親の面倒を看に行くという、山梨と千葉を往復する日々が続きました。

しかし、妻が何よりつらく苦しかったのは、表面上は何事もないかのように振る舞っていても、母親とも心が通わず、弟が亡くなって二人きりの姉妹となった妹とも心が通わず、私や私の家族とも絆《きずな》が切れたまま、妻の家も心がバラバラで絆が切れた状態だったことでした。

しかし、当時の私は、そんな妻のつらさや大変さを思いやる気持ちはあまりありませんでした。幼い頃から「自分のことだけ考えていればよい」と言われて育ったこともあり、他人のことにはほとんど無関心だったのです。

転職、そして母校の講師を務める

私は、早朝から深夜まで働く日々に限界を感じ始めていました。

その職場に勤めてから7年が過ぎた１９８６（昭和61）年1月、いつものように深夜の仕事をしていたとき、私は急に気を失って倒れてしまいました。

特に病気だったわけではありませんが、少し前から、空腹になると時々みぞおちの辺りに鈍い痛みを感じていました。しかし、30歳になったばかりで若かった私は、「睡眠不足や疲労で貧血気味なのだろう」と軽く考えていました。

しかし、その日は、「あっ、めまいかな」と思ったとたん、崩《くず》れるように倒れ、何もわからなくなりました。

そのことがあって初めて、妻にそれまでお腹の具合が悪かったことを白状しました。診断の結果は、十二指腸潰瘍でした。そこからの出血によって貧血を起こしていたのです。そして、それまで何回も十二指腸潰瘍に罹《かか》り、知らないうちに治ってはまた罹るということを繰《く》り返していたことも判明しました。

お医者様からは十分な睡眠と食生活に気をつけるように言われ、投薬治療をすることになりましたが、それが一番難しいことでした。

その後も相変わらず、明け方近くに帰って、晩ご飯か朝ご飯かわからないような食事をし、新聞を読み、風呂に入って少し睡眠を取り、3時間後には会社に行って黙々と仕事をするという生活が続きました。

確かに、歯科技工士としての技術的な進歩はあるものの、心は乾《かわ》いてカサカサし、充実した人生と呼ぶにはあまりにほど遠い毎日でした。

それまでがむしゃらに突《つ》っ走ってきた私の中に、「このまま人生が終わってしまうのだろうか。私の人生とはいったい何なのだろう……」という不安と恐怖がない交《ま》ぜになったような想いが湧《わ》いていました。

あるとき、妻が「私たちは何のために生きているのかしら」と、不満とも寂《さび》しさともつかないつぶやきを洩《も》らしたとき、私ははっと我に返ったような気がしました。

そして、ただ仕事に追われるだけの人生から、「もっと本当に充実した人生、もっと心に潤《うるお》いの持てる人生を生きてみたい」と思ったのです。

ようやく妻と話し合う時を持つようになり、その結果、会社を辞《や》める決心をしたのです。7年間勤務した会社は、肉体的な面において確かに限界でしたが、しかし、歯科技工士として、技術面においては多くの可能性を育んでいただき、さらに忍耐力や持続力など、心の力も育んでもらったと感謝しています。

しかし、いざ辞表を出すとなりますと、勇気がいりました。なぜなら、苦楽を共にしてきたたくさんの仲間がいたからです。

重いリウマチを抱《かか》え、辞めたくてもどこにも働くところがない25歳のT君、お母さんと二人暮らしの家計を支《ささ》えているKさん、時々ご夫婦で浜に出てはアサリを取って「奥さんと食べなさい」と言って持って来てくれた掃除のおばちゃんなど、たくさんの方々との温かな出会いが思い出され、「ここまで一緒に歩んできた仲間を置いて、自分だけ辞めることが本当にいいのか」と自責《じせき》の念にかられました。

何度も考え、夫婦で話し合った末に、1986（昭和61）年1月末、病気を理由にやっとの想いで辞表を出しました。

しかし、私は次の職場を準備してから辞めたわけではありませんでしたので、「もし、仕事がなかったらどうしよう」という不安な日々を過ごしていました。

そのような中で、久しぶりに母校の筑波大学附属聾《ろう》学校（現・筑波大学附属聴覚特別支援学校）の歯科技工科を訪ね、学生の頃大変お世話になった三好博文《ひろふみ》先生に職場を探していることをお話ししました。

すると、三好先生は、「知り合いにあなたの要望にぴったりの技工所がある。求人をしているかどうか、聞いてみましょう」とおっしゃってくださいました。

数日後、さっそく面接のお話があり、出かけてみると、そこは日本有数の金属床《きんぞくしょう》専門の歯科技工所で、金属床を勉強するには格好の技工所でした。

しかし、それまで聴覚障害者を雇《やと》ったことがなく、仕事以前に仲間とのコミュニケーションや、仕事の伝達がうまくできるかどうか、不安があったようでした。

しかし、恩師の計らいがあってのことだったと思いますが、何とか採用していただきました。本当にうれしかったです。

日本タイコニウムというこの技工所は、総勢15名ほどの技工士が働く小さな技工所で、家庭的な温かい雰囲気の職場でした。

また、この会社は、アメリカのタイコニウム社という会社の技術や機械設備を導入して、労働条件もアメリカ並みで、当時の日本ではかなり進んでいました。

また、当時まだ日本で3割ぐらいしか導入されていなかった週休2日制を、私が入社する10年も前から実施していたのです。

当時のオーナーは、自身が経営する歯科医院の院長でもあった村岡博先生という方でした。村岡先生は、義歯においては全国的に有名で、各地から講演を依頼されるような方でした。とてもユーモアに富んだユニークな方で、私も大変大事にしていただきました。お陰様で、その後30年近く勤務し、現在に至《いた》っています。

また、その職場を恩師の三好先生にお願いしたことがきっかけで、母校とのつながりが復活し、ちょうど前任者が3年の任期を終えたということで、私が非常勤講師をさせていただくことになりました。

講義の内容は、前任者からの引き継《つ》ぎで、金属床義歯の理論と作成法を教えることでした。しかし、私は人前で話をしたこともなく、それにまだ未熟で自分の技術を人様に教えることなど到底《とうてい》無理だと思って、この依頼には消極的でした。

しかし、「聴覚障害を持ちながら歯科技工士をめざす後輩たちのためにやってみてはどうか」と職場の上司からも強く勧められ、引き受けることにしました。

引き受けてみたものの、テキストの作成や、自分で指導スケジュールの計画を立てて進めなければならないことなど、戸惑《とまど》いはありましたが、歯科技工科の先生方が大変協力的で、本当に有難かったです。

しかし、実際に授業を始めてみますと、テキストは穴あきだらけで、なかなか授業が進みません。生徒たちを前に恥のかきっ放しといったところでした。そんな私のつたない講義を真剣に聞いてくれた学生たちの表情が、今も心に焼き付いています。

非常勤講師をさせていただいた最初の半年間は、私にとって貴重な体験となりました。当初の私は、技術的なことばかりを教えようとしていましたが、聴覚障害をもって歯科技工という仕事に就《つ》いたとき、どのような問題や障害にぶつかるのか、そのときどのような心構えでその事態を受けとめ、乗り越えてゆけばよいのか、そのことも含めて自身の体験も踏まえながら、学生たちに伝えてゆくことの大切さを知ったのです。

「聞こえない学生にとってわからないことがあるのは当たり前」という前提での教育ですので、学生たちが「わかりません」と質問する前から丁寧《ていねい》に、親切に教えられます。そのことを当たり前と思ってしまう学生も多く、また、学校でしてくれた温室のような扱いを社会に出てもしてくれると思ってしまうことも多いのです。

その意味で、せっかく国家試験を突破しながら、歯科技工の仕事を辞めてしまう人が後を絶ちません。

そのような方々のためにも、少し先を行く仲間の一人として、聴覚障害者が社会で生きるということについて、精いっぱい伝えてゆきたいと願っていました。

3年交代と言われた非常勤講師のはたらきも、いつの間にか、2014年で27年という歳月が流れ、多くの学生たちが巣立ってゆきました。

現在、どの学校も週休2日制となり、徐々に授業の回数も減り、学生たちと出会う時間も少なくなっています。

しかし、義歯の仕事の流れをスライドにして表示し、一目でわかるようにしたり、また技術を公開プレゼンテーションして見せたりするなど、いくつかの工夫が生まれ、それによってかなり時間を短縮して教えることができました。

非常勤講師というはたらきを通して、いくつもの試練にも遭《あ》いました。

しかし、その試練をどう乗り越えてゆくのかと神様から問われ、あきらめることなく、投げることなく挑戦することの大切さも知りました。

何よりも、自分のことしか考えてこなかった私が、学生たちとの出会いを通して、愛する心を引き出されました。

振り返れば、人間として育てていただいたのは他の誰《だれ》でもない私だったのです。

幸せなことに、学生たちは、卒業してからも色々と相談に来てくれます。それが私にとって何よりうれしいことです。

3

願いに生きる新たな旅立ち

「こうだったからこそ、こうなれた人生」に向かって

母との別れ

1981(昭和56)年、日本タイコニウムへの転職の折、7年住んだ稲毛《いなげ》から市川に転居しました。

そのころから、母の身体に少しずつ変化が生じ始めていました。

母が最初に罹《かか》った病気は子宮筋腫《しきゅうきんしゅ》でしたが、手術をしてひと月ほどで退院することができました。しかし、その手術をきっかけに糖尿病があることがわかり、しかも症状はかなり進んでいたのです。

糖尿病は祖母の持病でもあり、遺伝的に持っていたものでしたが、母はインシュリン依存性糖尿病で、インシュリン注射が1日3回欠かせないものでした。厳《きび》しい食事制限をしたのですが、血糖値のバランスを崩《くず》し、気を失って倒れることもありました。加えて、糖尿病性網膜症《もうまくしょう》などの合併症が起こり、病気は思わぬ方向へと進むことになりました。

子宮筋腫の手術から2年ほどたった頃、追い打ちをかけるように今度は腸の異常を訴《うった》え、父が病院に連れて行ったところ、大腸がんであることがわかりました。

母はまだ50代後半でした。母には病名は伏せて、大腸ポリープと伝えました。

母に本当の病名を告げなかったのは、父としては「次々と襲ってくる病魔に必死で耐《た》えている母に、これ以上酷《こく》なことは言えない」という想いと、もう一つは「自分自身が聞いて嫌《いや》なことは、きっと幸子《さちこ》も嫌だと思うから、それはしたくない」ということでした。それに「もし母が取り乱したりしたら、自分にそれを諌《いさ》める力はない」とも言いました。

そのときは父の気持ちを尊重して、私たちも病名を伏せることに賛成しました。

しかし、のちに母のノートからこのような詠《うた》が出てきました。

疑いの　残り雪降る　内視鏡
もの芽ぶく　疑い深き　再検査（幸子）

それからが、母にとって、さらに長く苦しい病との闘いとなりました。

検査の結果、手術をすることになりましたが、糖尿病がかなり進行していたので、医師からは危険が伴《ともな》うことを予告されての手術でした。

開いてみると、がんは一部大腸を塞《ふさ》ぐほどに進行していましたが、ギリギリのところまで腫瘍《しゅよう》を除去して、手術は無事に終わりました。

その後も入退院を繰《く》り返し、1992（平成4）年の夏、母は2階にあったベッドを1階に移して、寝たり起きたりの日々を過ごすようになりました。

それまで台所に立ったこともなかった父でしたが、母がそんな状態になったため、さすがにそうは言っておれず、食事の支度《したく》や母の世話、家事すべてをするようになりました。

あるとき、「幸子、洗濯機《せんたくき》が壊《こわ》れたのか、使えないようだよ」と洗面所から父の声がしたので、母が「おかしいわ。まだ買ったばかりなのに……」と言いながら行ってみると、父はまるで現場検証でもしているかのような表情で、「どういうわけか、水がたまらないんだよ」と洗濯機の中をしきりに覗《のぞ》いていました。

父は、スイッチを排水にしたまま水を入れていたのです。父の真剣な表情と事態の滑稽《こっけい》さに、母は思わず苦笑したそうです。

また、父が母のために買ってきた中華饅頭《まんじゅう》を茹《ゆ》でてしまい、結局、母の口には入らなかったということもありました。

そんな出来事の一つ一つが、父と母のそれまでの生活ぶりをよく物語っており、また母が心配するゆえんでもありました。

当時、70歳を過ぎていた父にとって、そこからの毎日は人生の一大転換のような時となりました。

それまで父と母は、とても心の通《かよ》い合う夫婦とは言えませんでしたが、母の病を通して、夫婦の間にあった溝《みぞ》を一気に埋《う》めてゆく時間を得たようにも見えました。

私たちも、母が病に倒れてからは毎週土日には通い、平日は妻や叔母が通いましたが、とてもそれだけでは間に合わなくなってきました。

ある年の夏、かなり体力の衰《おとろ》えていた母が、「海の見えるところへ行きたい」と言い出し、父と私たち夫婦、そして兄信一の子どもの隼寛《たかひろ》の5人で富津岬《ふっつみさき》に行きました。日傘《ひがさ》の下で車椅子《いす》に座った母は、貝拾《ひろ》いをする私たちを、瞬《まばた》きすることすら惜《お》しむように、懸命に目の奥に焼き付けるように見つめていました。

「おばあちゃーん、ほらーっ、おっきい貝があったよー。こっちだよー」

母を気遣《きづか》いながら、時々大声で呼ぶ孫の隼寛の声ににっこりとうなずき、母は力なく手を振りました。もしかすると、母の目には、隼寛と幼い頃の私が重なって見えていたのかもしれません。

それからの母は、私たちが行く度にやせてゆきました。

ある日、医師から肝臓への転移と、余命3カ月という診断が下されました。

そして、最後の入院――。

もちろん母はそのことを知る由《よし》もありませんでした。

母の人生の時間がないと知ったとき、私は居ても立ってもいられない衝動《しょうどう》に駆《か》られました。このまま、母は何も知らずに逝《い》ってよいのだろうか。それで本当に幸せなのだろうか。母の人生は母のものだし、本当のことを知る権利がある。そして、「もし母が生きている間にしたいことがあるのなら、最大限それを果《は》たさせてあげたい」と思いました。

その私の考えに兄夫婦や叔母は賛成してくれましたが、父は首を縦に振りませんでした。ただ、前回と違って、「あんたたちがそうしようと思うなら反対はしない。でも私には言えない」と、少し折れてくれました。

ひと月ふた月がたつうちに、私は、やはり母に病名を告《つ》げずにはいられなくなり、もう一度、父に自分の気持ちを話しました。

父は、「わかった。もう何も言いませんから、自分でそうしたいと思うならそうしなさい」と言いました。私は母に告知することにしました。

そのとき、母はすでにお腹の中すべてをがんに冒《おか》されており、いつどうなってもおかしくない状態になっていました。

告知しようと決めた日の朝、私は妻と2人で母のために祈りました。しかし、母を目の前にすると、決心が鈍《にぶ》りそうになります。

そんな自分を励《はげ》まし、やっとの想いで、

「お母さん、これから大切なことを話しますから、よく聞いてください」

と切り出しました。

「ん、なーに。大切なことってなんですか?」

と怪訝《けげん》そうな母の顔が、今でも脳裏《のうり》に焼き付いています。

「どんな話をするのだろう」と心待ちするような表情の母に一瞬、私はひるみましたが、気を取り直して、母の手を握りました。

妻は母の隣《となり》に座って、肩に手を置きました。

「お母さんの病気は大腸がんです。それが肝臓に転移していて、もうあまり時間がないんです」

今思えば、何と冷たい言葉から始めたのだろうと、後悔しています。

「もし、お母さんがやり残していることがあるなら言ってください。私たちにできることなら何でもしますから」と私は続けました。

しばらく、沈黙が流れました。

どれくらいの時がたったか、母の目には涙が光っていました。そして、おもむろに口を開いた母から、私たちが予想もしなかった言葉が返ってきました。

「英司君も、佳子《よしこ》さん（妻）も、私にそれを言わなくてはならなかったあなたたちの方がよほどつらかったでしょう。私は正直に言ってもらってよかったわ。しておきたいこともあるから。ありがとう」

母の言葉が終わるか終らないうちに、妻の目から涙があふれ、母の背中に流れ落ちました。私は、忘れていた母の手の温もりが懐《なつ》かしく感じられ、その手に落ちた涙を拭《ぬぐ》うふりをして、そっと母の手を撫《な》でました。

母は自分の病気のことを知っていたのかもしれません。しかし、穏《おだ》やかに告知を受けとめるまでには、どれほどの苦悩と葛藤があったことでしょうか。

すでに、起きているのも寝ているのもつらくなっていた母でした。

朝、妻が病室に行くと、母はいつもにこやかに迎えてくれましたが、母のいないところで同室の患者さんから、「お母さんは、夕べも苦しそうに、何度も夜中に起き上がってベッドに座っていましたよ」と言われました。一人で苦しさに耐《た》えた母の心の中には、様々な想いがよぎっていたことと思います。

点滴の　瓶の丸みの　枯野かな
流れ星　叶わぬことは　諦めて（幸子）

そんな気持ちをそっと横に置いて、私たちを気遣《きづか》ってくれた母のやさしさと強さに、手を合わせたくなるような想いでした。

ある日、母は妻にこう言いました。

「昨日ね、きれいなお花畑に行った夢を見たの。でも私は立派な生き方をしたわけじゃないし、あんなところに帰れるのかしらねえ。もしあそこに帰れるのなら本当にうれしいわ」

また、妻からの知らせで、かつて同じ官舎の隣同士で、長い間姉妹のようにお付き合いしていただいた福島在住の井上さんが、取るものもとりあえず駆《か》けつけてくださったとき、母は本当にうれしそうでした。

「お父さんは強そうに見えるけど、本当は気弱なところもあるのよ。できればお父さんより少しでも後に残りたかったけど……。お父さんのこと頼むわね」

すがるような目で父のことを託《たく》す母でした。そして祖母のこと、叔母への気持ち、兄の家族のことなど、一人ひとりのことを言い残してゆきました。

あの世へと旅立ってゆく母を目の前にしながら、私は、ただ見ていることしかできない自分の無力さが何とも悲しく、情けない想いでした。

そして、母の息子として生きた三十数年の想いが心の中を駆《か》け巡《めぐ》っていました。

母の看病のため、妻は市川から千葉市内の病院まで毎日通ってくれました。

最初の頃は、妻も嫁姑《よめしゅうとめ》の関係の中で葛藤し、お互いに心を開いて出会えない日々がありました。

重い足を引きずりながら病院の門をくぐったことも随分あったようです。妻はそんな気持ちを私にぶつけることがあったのですが、私は妻の気持ちを受けとめることができず、看病に通う妻にとっては四面楚歌《しめんそか》の状態だったようでした。

そんな葛藤の中で、私たちの目には、ますます母がわがままになってゆくように見えました。

母は毎日のように、「今日はあの店の、あのお菓子が食べてみたい」「病院のごはんは美味《おい》しくないから、ラーメンを取ってちょうだい」。そして、お医者様からは、ベッドの上でトイレをするようにと言われても、夜中に一人でトイレに行って途中で倒れるなど、そんな母を見て妻は、あんなに物わかりがよく、優等生の患者だったのに、一体どうなってしまったのかと、不安や恐怖、不満の想いがない交《ま》ぜになったような耐《た》えられない気持ちになってゆきました。

しかし、その頃、妻は一生懸命、自分自身を見つめようとしていました。

妻は、結婚する前から高橋佳子《けいこ》先生という方が説かれている「魂の学」を学んでおり、高橋先生の書かれた著書を読んで、「魂の学」に従って自分の心を見つめることで、解決の糸口を見つけようとしていることを、私も感じていました。

母に残された時間がないことを知っているからこそ、「このまま母との別れのときを迎えたくない」という妻の必死の想いが神様に通じたのでしょうか、ある日、それまでとはまったく違った感覚で母のことを受けとめられた瞬間が訪《おとず》れたのです。

「ああ、今日もラーメンがこんなに美味しく食べられたわ」

「歩いてトイレに行ったけど、大丈夫だったわよ」

その一つ一つの言葉が、妻には、「ああ、今日も私は生きられた。うれしい。有難い」という言葉に聞こえてきたのです。

「そうだったのか。私にはわがままとしか見えなかったけど、お母さんにとって、生きているという実感、生きていることの歓び、それを確かめるように生きていた一日一日だったのかもしれない」と妻は考えました。

そして、母の心が沁《し》みてきて、母にこう言ったのでした。

「一番苦しいのはお義母《かあ》さんだったのに。そのお義母さんに、私は優等生の患者になることばかり要求していた。私は、周りに自分が嫁として立派であるという評価を得たいために、知らないうちに、お義母さんを自分が認められるための道具にしていたのね。考えてみれば、看病してくれる人は兄嫁だって叔母さんだっている。私じゃなくてもよかったのに、お母さんは、一度だって私じゃ嫌《いや》だなんて言わなかった。私に看病することを許してくれていたのね。私はしてあげているとばかり思っていた。私の思い上がりだったんだと思う。お義母さん、つらい想いをさせてごめんね。本当に申し訳なかった……」

妻の言葉に、母は「私が自分の母親を看病しようと思っても、きっとあなたのようには看《み》ることはできないわ。あなた方には子どもがいないから、もし病気になっても、私のように、自分の子どもには看てもらえないでしょ。でも、私をこうしてやさしく看てくれたことが、きっといつかあなたたちに還《かえ》ってゆくように神様にお願いするわね」と言ったそうです。

それからの母は、朝、妻が病院へ顔を出すのを心待ちにするようになりました。看護師さんがどんなに「着替えをしましょう」と言っても、「もうすぐ嫁が来るから」と聞かなかったそうです。

そんなことがあってまもなく、母は肩の荷《に》が下《お》りたかのように昏睡《こんすい》状態に陥《おちい》り、人工呼吸器をつけることになりました。

眠っている母の目から、一すじの涙が頬《ほお》を伝って流れ落ちるのを見たとき、「みんな、ありがとう」と言っている母の声が聞こえてくるような気がしました。

1週間後の明け方、母の異変に気づいた妻がすぐにお医者様を呼びましたが、すでに吐《は》く息の方が多く、最後に一息、大きく呼吸をしたかと思うと、静かに次の世へと旅立ってゆきました。

1992(平成4)年10月12日、62歳の母の旅立ちでした。

その日は、奇《く》しくも私たちの13回目の結婚記念日でした。

私は、人の臨終に立ち会うのは母が初めてでしたので、母の死がにわかには信じられませんでした。

しかし、どんなに母の名を呼んでも、身体を揺《ゆ》り動かしても、母はもう応《こた》えてはくれませんでした。

母の命日と私たちの結婚記念日が同じであることの本当の意味は、きっと母にしかわかりません。

ただ言えることは、私たちが結婚できたのは母のお陰だということ。

2つの大切な日が重なったことを決して忘れないでいようと私は思いました。それが母に対するせめてもの親孝行であると――。

母は、自分がいなくなった後、父が1人で生活しなければならないことを考えて、生きている間に料理や洗濯《せんたく》など家事のすべてを伝授しました。

父のことを案じた母は、「お父さんより1日でもいいから長生きしなきゃね」と冗《じょう》談《だん》まじりに、でもほとんど本気で言っていました。だから、自分の病気が不治の病であることを知ったとき、どれほど父のことが心配になったことかと思います。

しかし、母の伝授の甲斐《かい》あって、母の入院中、父は毎日のように手作りの料理を持って病院に行き、母と一緒に夕飯を食べて帰るのが日課となりました。

最初は小さなパック1つだけだったのが、いつしか中くらいのパックを2つ3つ持っていくようになりました。

料理も次第に凝《こ》ったものをつくるようになり、その進歩はめざましいものがありました。料理好きの妻が味見しても、「ウーン」と唸《うな》るほどの出来栄えだったそうです。やがて叔母や妻が、父に「得意料理のレシピを教えてほしい」と言うほどになりました。

料理ばかりでなく、家の中のこともきちんとできるようになりました。ぎこちなかった洗濯も、日を追うごとにきれいに仕上がってゆきました。

最初は、父が洗った洗濯物を妻が洗い直していました。特に白いワイシャツなどは、襟《えり》や袖《そで》などの頑固な汚《よご》れを落とすことが父には難しかったようでしたが、いつしかそれもきれいに洗えるようになったのです。

家事のほとんどを父が1人でこなせるようになったとき、母は安堵《あんど》したかのようにあの世に旅立ったのでした。

しかし、父の悲しみは尋常《じんじょう》ではありませんでした。

あんなに立派で、頑固一徹《がんこいってつ》、どんなことがあっても挫《くじ》けることなどないと思っていた父――。私たち子どもは、父の涙を見ることは、父が生きている間決してないだろうと思っていました。

その父が、布団《ふとん》の中で声を殺して泣いている姿を見たとき、私の父に対するイメージはガラガラと崩《くず》れ去りました。

そこにあったのは、強さも弱さも、闇も光もすべて孕《はら》んだ、生の人間の姿でした。

「ああ、父には血も涙もあったんだ……」

私の胸に去来したのは、そんな想いでした。

そして、それまで遠かった父の存在が急に近くなり、私の隣《となり》にいるような、うれしい気持ちが湧《わ》いてきました。

母が重い病を引き受け、命をかけて最後に果《は》たしたかった願い――それは「家族の本当の絆《きずな》を結びたい」という願いだったのではないかと思いました。それは母自身がずっと知りたかったことでもあったと思います。

声を出すことも、しゃべることもできなかった私が、一言発するたびに自分のことのように喜んでくれた母。

私が1つでも多くの言葉を覚《おぼ》え、言葉を通して人との絆《きずな》を感じられるように、そして自らこの障害を背負って生きられるように、そして何より私が果《は》たしたかった願いを果たせるようにと、ただそれだけを願って育ててくれた母でした。

今思えば、その母の気持ちの奥に、「自分の不注意で我が子を音のない世界に追いやったのではないか」という自責《じせき》の念とともに、何としても私を一人前の人間として育てることが、実は母自身が生き長らえることの許しを希《こいねが》うことであり、その証《あかし》を私に見るような想いがあったのではないかと思うのです。

母が亡くなった後、母の身の回りのものを整理していると、手を通していない洋服がいくつも出てきました。母は、どこかで「もう一度元気に……」と願っていたのかもしれません。たとえそれが叶《かな》わぬ夢であったとしても、一すじの希望をどこかで信じていたかったのだと思います。

「お母さん。お母さんからの心の灯《あか》りは、しっかりと受け取りました」

私は胸の中で、そう母に語りかけました。

高橋佳子《けいこ》先生との出会い

私は、小学校高学年の頃、「人間は何のために生まれ、何を目的に生きるのか」と真剣に考えたことがありました。

「人間は死んだら終わりなのに、なぜ生まれてくるのだろう。善いことをして死んだ人も、悪いことをして死んだ人も、死体を見ただけではどちらなのかわからない。悪いことをした人も善いことをした人と変わらないなら、いくら善いことをしても意味がないじゃないか」と考えたのです。

一方で、「善いことをして生きたなら、それなりの見返りがあって然《しか》るべき」とも思いました。その見返りは、その人自身にはっきりとした形で与えられるものでなければ意味がない。見返りがない人生なら、悩み苦しんで生きることはバカらしく思えました。

「それでも生きてゆかなければならないとしたら、人間は何のために生きているのだろう」

これが、人生について私が持った最初の疑問でした。

見えない世界など信じられなかった私でしたが、この想いだけはなぜか断《た》ち切ることができず、ずっと心から離れませんでした。

そして、その疑問は、私自身が「聞こえない」という現実をはっきりと知ったとき、「大多数の人たちは聞こえる人生なのに、なぜ私は、聞こえない人生なのだろう。そのことを知りたい。誰《だれ》かこの疑問に答えてくれる人はいないだろうか」という問いに変化し、その答えをずっと探し求めることへとつながってゆきました。

しかし、同時に私は、長い間、耳が聞こえない自分の人生を恨《うら》み、耳の聞こえない自分は誰よりも不幸だと思い込んでいました。

聞こえないがゆえの、言葉に表現しがたいほどの寂《さび》しさや口惜《くちお》しさ。

止めようもなく突《つ》き上げる怒り。

自分の気持ちを伝えようにも伝わらず、地団太《じだんだ》を踏《ふ》むようなもどかしさ。

そして、どんなに夢を描いても、聞こえない人生では絶対に叶《かな》わないという現実を思い知らされることの悲しみ……。

そんな想いを嫌《いや》というほど味わってきたからです。

例えば、聞こえる人たちにとっては、「知る」ということは難《なん》なくできることであっても、聞こえない者にとって、「知る」ということは大変なエネルギーが必要です。また、どんなに知りたくても限定された世界の中で生きなければならず、人との関わりにおいて何かを「知る」ためには、常に教えてもらう弱い立場であるという理《り》不尽《じん》さ。

同時に、根底に抱《かか》えている被害者意識ゆえに、「知っている者は教えて当然」といった想い。

楽しそうにしゃべっている電話の会話や、口ずさみながら聞いているテレビやCDから流れる音楽を聞けない寂しさ。

何かの事情で交通機関が動かなくなっても知る術《すべ》がない不安。

喧騒《けんそう》の中を歩いたとき、かけられる声に答えることができなかったときの相手が見せる様々な反応、「何だ、こいつツンボだったのか」という嘲《あざけ》りの声。相手の質問に答えられなかったことで、相手から「バカにされた」「無視された」と勘違《かんちが》いされたこと……等々。

「ああ、この耳さえ聞こえていたら――」

何度聞こえぬ耳を恨めしく思ったことでしょうか。

同時に、「耳の聞こえる人に、聞こえない自分たちの気持ちなんかわかるものか！　わかってたまるか！」。そんな世間を敵《てき》に回すような気持ちが、常に通奏低音《つうそうていおん》のように心の底にありました。

そして、「この耳さえ聞こえるようになれば幸せになれる。聞こえる人たちの側こそが光り輝《かがや》いている場である。なんとしても向こう側に行きたい」という想いをますます強めてゆくことになりました。

そんな私にとって、正直なところ、母が亡くなった後、しばらくは母の呪縛《じゅばく》から解放されたような、心のどこかで安堵《あんど》するような気持ちがありました。

62年の生涯《しょうがい》の大半を聞こえない私のために費《つい》やしてくれた母。その母の苦労を本当には思いやる気持ちがなかった私でした。そして、そこまで自分の気持ちが冷え切っていることに、疑問すら持てなかったのでした。

それが、私の魂にとって深い悲しみであり、痛みであることを知ったのは、母の死をきっかけに、1993（平成5）年4月、高橋佳子先生にお会いしてからでした。

高橋先生は、永遠の生命観を基《もとい》とした「魂の学」――人間の心と現実世界の関わりの真相を明らかにし、現代社会が抱《かか》える様々な問題を、内（心）と外（現実）をつなぐことによって根本的に解決し、新たな現実を創造することを可能にする道、まさに真の変革の道を提唱されている方です。

そして、その高橋先生が説かれる「魂の学」との出会いが、私の人生を大きく転換してゆくことになったのです。

「魂の学」を学び実践することによって、いかんともしがたい宿命の呪縛《じゅばく》から解き放たれ、新しい人生を歩まれる人々の姿を、私はこの目で数え切れないほどたくさん見てきました。

高橋先生は、「人間はこの世限りの物質的な存在ではなく、永遠の生命を抱《いだ》く魂の存在である」と言われ、「魂の存在として霊的人間観に立って見るならば、一人ひとりが抱く人生のすべての条件は比べようのない意味を孕《はら》んでいる」と教えてくださいました。

しかし、その頃の私は、見えない世界に対して少しずつ心を開き始めてはいましたが、まだ信じ切っていない部分も多くありました。そのため真剣に学ぼうとはしませんでした。警察官である父はなおさらのこと、事実以外は信じない人でした。

しかし、母が亡くなってしばらくした後、ある集いに参加していた父と私たちは、高橋先生にお目にかかる機会を頂きました。

そして、高橋先生を通して語ってくる亡き母との思いがけない出会いによって、私の見えない次元に対するまなざしは決定的に開かれてゆくことになりました。

なぜかと言えば、高橋先生が語られることが、父と母にしかわからない出来事であり、しかも誰《だれ》にも語ったことのない内容で、それはまさに母の人生をずっと見守る見えない次元からでなければ、到底《とうてい》語ることのできないことだったからです。

高橋先生は、あの世に帰った母の想いを切々《せつせつ》と伝えてくださいました。

それは私が初めて聞くことばかりでしたが、同時にまさしく母が語っている言葉であることを、父のみならず私も強く実感したのです。

父も母も、お互いに好きな人がありながら、周囲の反対にあって結婚できず、お見合いで結婚しました。そのため、どこかしっくり添《そ》い合えない気持ち、ボタンの掛《か》け違いのまま過ごしてきたことへの深い後悔……。しかし、そうした経緯《いきさつ》を超えた縁深き魂であったということ。

高橋先生の口を通して語られた母の言葉が、今も私の心に強く刻《きざ》まれています。

「お父さん、私たちは成り行きで夫婦になったけど、それだけじゃなかったのよ」

人生の条件に支配されて、経緯に流されてしまう人間の不自由さ、切なさ。

また、共に泣き、共に笑いあった日々の愛《いと》おしさ、懐《なつ》かしさ。

父も言葉を超えたものを感じ取り、父の中から慚愧《さんき》と深い感謝の想いがあふれていました。

「毎日、家内のことが心から離れません。私が今日あるのは家内のおかげです。家内を亡くして初めて知りました。本当に申し訳ない……」

やっとの想いでそう語った父は、止めどもなく流れる涙とともに絶句しました。

これまで想像だにしたことのない、思いがけない父の姿に驚いている私と妻に、高橋先生は、「これが本当のお父さんよ」とおっしゃいました。

耳の聞こえない私と2人で過ごさなければならなかった母の苦しさ。残してきた長男への不憫《ふびん》さ。どんなにかつらく、寂《さび》しい日々であったか。

また、「いっそこの子と一緒に……」と踏切の前に立ち、幼い我が子の手をギュッと握りしめたことが何度あったことだろうか。

その中で、我が子が初めて「オーイ!」と声を発したときの、母の震えるような喜び。そして、その我が子と2人で言葉を求めた苦しい闘いの日々。

何度も読んで聞かせた『白雪姫』。お兄さんと3人で一緒に行ったデパートでの思い出。ハンバーグを食べたこと……等々。

母は、高橋先生を通して、万感《ばんかん》の想いを込めて伝えてきました。

そのとき、私は、人間はすべからく永遠の生命として生き通しの魂であることを初めて知ったのです。

同時に、母が抱《いだ》いていた気持ち、誰《だれ》にも語ったことのない、否、母自身でさえこの世で生きていたときには気づくことのできなかった魂の後悔と願いがあることを知ったのでした。

そして、高橋先生とお会いして、初めて両親の側に立つことができたとき、私にかけてくれた深い愛情が心に迫ってきました。

自らの人生のほとんどを私のために費やしてくれた母の気持ち、父のつらさ、また幼いうちに祖父母に預けられた兄の寂しさ、悲しみ……。

それればかりでなく、数えきれない多くの方々の血と汗と涙の上に、私の人生があったことを心底実感したのです。

そして私は、人生にも、自分の周りにも、すべてに甘えてきたと思いました。

いったい自分は何を見ていたのか。自分のことしか考えてこなかった……。

突《つ》き上げるような後悔と深い感謝の想い。

生き直さなければ申し訳ない。母の苦労が水の泡《あわ》になる。

そう思い至《いた》ったとき、人生に深い悲しみや苦しみを抱いているのは、私たち障害者だけではなかった。五体満足に生まれた健常者であっても、私たち以上に深い悲しみや苦しみを抱いている人がたくさんいることを知ったのです。私の両親もそうでした。

母が亡くなった後、高橋先生は、著書『天涙《てんるい》』（三宝出版）の中にこのように書いてくださいました。

人生の真価とは、その人が何を集めたかということにあるのではなく、むしろ、その人が何を散らしたかということにあるのではないかと私は考えるのです。人生という時の流れの中にあって、一体どのような影響を周囲に与えてきたか、それが人生の核心をつくるのです。人生を終えて、本当に残るものとは、必死になって集めたものではなく、まさにその散らしたものに他なりません。

……

成りゆきが運んだかに見えた結婚。それでも精一杯に尽《つ》くし続けた人生。思いもかけず障害を持った子どもを持ち、その子に生命の大半を削《けず》り与えた人生——。快か苦かと問われれば、苦の多い、損得からすれば損の多い人生であったかもしれません。けれども、だから、その人生は無意味であったのかと言えば、決してそうではないと私には思えます。自らを与えたその一歩一歩が、この暗闇の忍土《にんど》にどれほどの光を投げかけたでしょうか。

そんな人生に私は、深い畏敬《いけい》の念をもって聖書の一句を重ねずにはいられません。

「一粒の麦、もし地に落ちて死なずば、ただ一つにてあらん、死なば多くの実を結ぶべし」（ヨハネによる福音書12—24）

ただ、平凡に生きたかにしか見えなかった母の、否、一人の人間の人生をここまで深いまなざしで見つめ、これほどまでに慈《いつく》しまれる方に、これまで私は出会ったことがありませんでした。

同時に、このことをきっかけに、これまで見たことも触《ふ》れたこともなかった自分の内側への旅、もう一人の自分との出会いの旅が始まったのです。

さらに、私の心に決定的な大転換を起こした高橋先生の言葉があります。

人生は、「こうだったから、こうなってしまった人生」から「こうだったけど、こうなれた人生」へ、さらに、「こうだったからこそ、こうなれた人生」へと深化してゆく。

この言葉は、私の魂を直撃しました。

「そうか、私は『こうだったから、こうなってしまった』とすべてを聞こえないことのせいにしていた。そのことに甘え、わかってもらって当然、私は弱者、だから守られて当然、大切にされて当然と思い込み、思い通りにいかないことはすべて周りのせいにして、両親や世間を恨《うら》んでいた。そこから一歩も出ていなかったんだ」と心底納得したのです。

そして、その被害者意識の窓からは、世界の真実は決して見えないことに気づきました。

私は、結婚する前、妻から高橋先生と「魂の学」のことは聞いていました。しかし、その頃は知りたいとも思わず、当然、真剣に学ぼうという気もなく、妻が何をしているのかということにも、まったく関心がありませんでした。


しかし、結婚後、何度か高橋先生のお話をお聴きする機会がありました。

初めての出会いは1982（昭和57）年のことでした。

聴覚障害者が「魂の学」を学ぶための場があったのですが、その場に、高橋先生が突然お越しになったのです。

そのとき、高橋先生は、聴覚障害を背負わざるを得なかった人生の意味についてお話しされたように記憶しています。

その中で、温かな慈愛の感覚とともに、今も忘れられない言葉がありました。高橋先生は、こうおっしゃいました。

「私が聞こえない人生を背負ってもよかった。なのに、私ではなく、あなた方が背負ってくださったのですね」

こんなふうに思ってくださる方がこの世の中にいるのか！　私の中で、それまで固まりのように心を塞《ふさ》いでいたものが崩《くず》れてゆきました。

長い間、閉じていた私の心に亀裂《きれつ》が入ったような感覚だったのです。

そして、その後、高橋先生との1回1回の出会いによって、私自身の魂の内に眠っていた願いが引き出され、その願いを生きる道へと歩み出す智慧《ちえ》を頂いたのでした。

そうした歩みを経《へ》て、卑屈《ひくつ》さや怒り、僻《ひが》みにまみれた人生から、多くの方に愛され、支《ささ》えられてきた人生であったことに少しずつ気づいてゆくことができました。

そして、その恩恵を「1人でも多くの方へお返ししたい」との願いに向かって歩む私へと育んでいただいたのです。

「私が変わります」による新しい人生の始まり

「魂の学」を提唱されている高橋先生は、21世紀の新しい生き方は、「私が変わります」という生き方であり、「私たちの内側にこそ、問題を起こしている根本原因があり、その内側を転換したとき、問題を解決してゆく智慧《ちえ》と力があふれてくるのです」とおっしゃっています。

さらにその著書『いま一番解決したいこと』(三宝出版)の中で、このように書かれています。

何か問題が起こったとき、他人《ひと》のせいや事態のせいにすることができず、自分で引き受けざるを得ないと覚悟《かくご》を定《さだ》めたとしても、私たちは往々《おうおう》にして、「どうしたらその問題を解決できるか。ああしてはどうだろうか、こうしてはどうか……」と、問題解決のノウハウを求め、とにかく一刻も早く問題を解決しようと躍起《やっき》になります。

しかし、当たり前になっているこのような発想の仕方には大きな欠落があります。

それは、自分の内側・心を、ほとんどまったくと言ってよいほど、軽視しているか無視しているという点です。「心が大切」と言えば、それは精神論で片づけられてしまい、問題を解決するには最も遠回りのやり方にしか思えないのが一般的なのではないでしょうか。

この発想の根幹《こんかん》には、「目に見えないものは信じない」という、実証主義に徹《てっ》した近代科学の合理精神が横たわっており、そう簡単には拭《ぬぐ》えないものがあるように感じます。しかしこの点にこそ、現代人が陥《おちい》っている大変な誤謬《ごびゅう》があると、私は思います。

……

問題を解決するための根本的な力がどこにあるかといえば、それは人間の内側・心であるということを、私は繰《く》り返し述べてきました。それは同時に、現状においても次々に問題を起こしてしまっているのも、実は人間の心であるということを示しています。ですから、自分の心がどのような可能性を抱《いだ》き、テーマを抱《かか》えているのかを知ること、つまり「内を見つめる」ことが、問題解決に向かう上で、極《きわ》めて重要です。

その鍵は、人間の「受発色《じゅはっしき》」の中にあります。

人間が生きるということは、出来事や事態を感じ・受けとめ、思い考え、行為して、その結果としての現実を生み出すということです。感じ・受けとめることは「受信」。思い考え、行為することは「発信」。そしてそこには必ず現実＝「色」が生じます。この受信→発信→現実という営《いとな》みを、私は「受発色」と呼んでいます。

私たちは日々、いや生まれてから死ぬまで、この受発色を数えきれないほど繰り返しているのです。人間が人生の中でしている営みは、すべてこの「受発色」であり、それ以外は何もしていないと言ってもよいでしょう。

一人ひとりの内には、無限の可能性があります。しかしそれを閉ざしているのも、また開花させるのも、その鍵《かぎ》はすべて受発色にあるのです。

一人ひとりが、自らの受発色に変革を起こし、真実の自己の受発色を現してゆくとき、本当の自分に出会うことができ、一人ひとりに与えられた真の個性、可能性が開花し始めるのです。このことを私は「受発色革命」と呼んでいます。

このまなざしから、私自身の心（受発色：「受」＝感じ・受けとめ、「発」＝考え・行為する、「色」＝その結果生まれる現実）を見てみます。

人生において聞こえないという試練を与えられ、それゆえに両親や人との関わり、世間との関わりにおいて、かつての私は、「どうせ自分たち障害者はバカにされるに決まっている。かわいそうな人間。聞こえないから不幸なんだ。自分たちを差別する社会が悪い」と「受信」。

「発信」は、「聞こえる人たちは自分たちを助けて当然。耳の聞こえる者に聞こえない者の気持ちなんかわかってたまるか。きっといつか見返してやる」と考え、すべての健常者、家族でさえ敵《てき》であり、審判者にしか見えない。そのため、周りの言うことには耳を傾《かたむ》けず、反発するか、無関心になる。

「魂の学」のまなざしによって、初めて私は、こうした「受信」と「発信」によって、人生や人との関わりを壊《こわ》し続けてきたことに気づくことができました。

そして、その結果、生み出された現実（「色」）——どんなに支《ささ》えられていてもそのことにまったく気づくこともできず、人との絆《きずな》が切れ、自分自身が孤独になり、ますますつらく悲しい不幸な状況に私自身を追い込んでいったのだということを知りました。

それまでの私は、「自分は悪くない。悪いのは周りの人。間違っているのは周りの人。だから、あなたたちが変わらなければならない」と、幼い子どものままの「受発色」だったのです。

このことをきっかけに、私は、「魂の学」をさらに深く学ぶようになりました。

まず、地域ごとに「魂の学」を学習する場があることを知り、私も6、7人のグループに参加しました。

その仲間は、それまで聴覚障害者に関わったことがなく、私にどう関わったらよいかわからず、戸惑《とまど》ったようです。

しかし、みんなで智慧《ちえ》を出し合い、各自が発表する内容をあらかじめ紙に書き、発表するときにはそれを私に提示する、というやり方で場を進めてくださることになりました。

そのお陰で、私も他の仲間と一緒に楽しく学ぶことができました。

しかし、いつしかその方法がマンネリとなり、仲間にとって負担になってゆく気配を感じました。

「ああ、耳の聞こえない自分はやっぱり仲間に入れてもらえないんだ……。心を開いて何もかも話せるものじゃない。聞こえない者の気持ちなんかわかるはずがない。どうせ僕はみんなにとって重荷《おもに》なんだ」

そして、次第に学びの場から足が遠のき、何かと理由をつけて休む日が続きました。

あるとき、あるメンバーと偶然お会いするときがありました。

その方は、「松橋さん、どうしたの？　皆が心配しているよ」と声をかけてくれたのです。その言葉を聞いたとたん、私のことを本気で心配してくださっているその方のやさしさが心に深く沁《し》みてきました。

それを機に、自分自身が抱《いだ》いていた想いを、高橋先生がつくられた「魂の学」の教材――「止観《しかん》シート」（一瞬の心の動きを摑《つか》むことができるようになるシート）や『新・祈りのみち』（三宝出版）などによって、見つめてみることにしました。

そして、あるときハッとしたのです。

「ああ、私は、みんながどんな想いで私のために尽《つ》くしてくれていたのか、考えてみたこともなかった。それどころか、聞こえない私にみんなが尽くしてくれることは当たり前だと思っていた。そうしてくれないことに不満さえ抱《いだ》いていた。この私の心が、みんなに伝わっていたんだ。こんな私の態度では、誰《だれ》だってやっていられないという気持ちになるのは当たり前ではないか……」

そう思えたとき、仲間が私のことを負担に思う気持ちが理解でき、「本当に申し訳なかった」という気持ちが心の底から湧《わ》いてきたのです。

そして、「自分で自分を甘やかしてきた結果、長い間ご迷惑をおかけすることになってしまいました」と、心から仲間にお詫《わ》びしようと決意して、久し振りに学びの場へ足を運んだのです。

ところが、思いがけないことに、仲間の皆さんが口をそろえておっしゃったのは、「私たちは、あなたのことをないがしろにしていました。本当にすみません。謝《あやま》らなければならないのは私たちの方です」

そして、それぞれが私に抱いていた想いを率直に吐露《とろ》してくださいました。また、皆さんが私のことをいっときも忘れていなかったことを知って、「ああ、心を閉ざしていたのは私の方だった。心を開いてみれば、そこは絆《きずな》の海だった――」と心底思いました。

仲間のやさしさ、温かさ。そして自分自身が、見えない心のつながりによって生かされていることを知りました。

この出来事を通して、私は、ようやく気づいたのです。

聴覚障害を背負ったから不幸になったのではない。「聴覚障害を背負ったから不幸になってしまった」と思うその心こそが、不幸だった。

そして「耳が聞こえる人たちは、聞こえない自分に手を貸してくれて当然、助けてくれて当然、そうでないのはおかしい」という逆差別の心こそが私を苦しめ、不幸にしてきた原因であった――。

そのことがはっきりとわかったのです。

聞こえないという人生の条件を背負ったがゆえに出会う様々な試練に対して、どのように「受信」（感じ・受けとめ）、「発信」（考え・行為）するかによって、人生はまったく変わるのだということを深く実感しました。

そして、これまでの「受信」「発信」から、新しい「受信」「発信」に転換してゆくことによって、まったく違う現実が生み出されること、そこに真の問題解決と創造の道があり、本当の人生の道が開かれてゆくことを心深く確信したのでした。

そこから、私の本当の人生への挑戦が始まりました。

その中で、私がとても驚いた1つの体験をお話ししたいと思います。

私が関わっているある方――その方をAさんと呼ぶことにします。Aさんはいろいろな面で私に力を注いでくださいました。

しかし、自分の考えを曲げず、自己主張が強いところもあって、付き合いにくい面がありました。「触《さわ》らぬ神に祟《たた》りなし」とはよく言ったもので、周りの人たちもあまり関わらないようにしていました。

そんな周囲の気配を感じたのか、Ａさんは頑《かたく》なな気持ちになってしまい、孤独な状況に追い込まれてしまったのです。

私は「Ａさんって哀《あわ》れな人。何とかしてあげなくちゃ」と思い、少しずつ声をかけました。しかし、そんな私の気持ちを見破ったのか、Ａさんは心を開こうとしてくれませんでした。

私は、「魂の学」に戻って自分自身を振り返ってみました。

すると、「Ａさんは哀れな人」「Ａさんが変わらなければ」と思っていた自分の傲慢《ごうまん》さが見えてきたのです。Ａさんは、そんな私の気持ちが許せなかったのだと気づきました。

当時、私は、高橋先生の著書『新・祈りのみち』の中の「『稲穂《いなほ》の心』を育む祈り」の言葉を書写する取り組みをしていたのですが、そこにこんな文章がありました。

わたくしが前に進むことができたとしたら
それはわたくしを支《ささ》えてくれた人がいたからです。
わたくしが多くを獲得《かくとく》できたとしたら
それはわたくしを助けてくれた人がいたからです。
わたくしが自《みずか》ら成長することができたとしたら
それはわたくしを見守り導《みちび》いてくれた存在があったからです。

書写しながら、「支えてくれた人」「助けてくれた人」、そして「見守り導いてくれた存在」が、Aさんと重なってきました。

「Aさんは、私を前に進めさせてくれたんだ。支えてくれたんだ。それだけでなく、何かを獲得させてくれたんだ。そして成長させてくれたんだ……」

Aさんの気持ちが心に沁《し》みてきました。

「それなのに、私はAさんに対して感謝の気持ちすら持っていなかった。そんなAさんの気持ちを少しもわかってあげられなかった。申し訳なかった……」

強い慙愧《ざんき》の念に駆《か》られました。そして、「真心を込めて、そして感謝の念を抱《いだ》いて

Ａさんと新しい気持ちで出会ってゆこう」と心に定めました。

そう思い定めた後、Ａさんと顔を合わせたとき、意外な出来事が起こりました。

Ａさんは、何ごともなかったように「おっ、おはよう」と、私に声をかけてきたのです。しかも仏頂面《ぶっちょうづら》だった表情は、何とも言えない笑顔に変わっていました。

何も言っていないのに、私の気持ちの変化がＡさんに伝わっていたような不思議な体験でした。

しかも、その後も気まずい雰囲気はなく、心から話し合える関係になり、私だけでなく周りの人たちとの関わりも光転して、場が明るくなりました。

それは私にとってあり得ないことであり、また奇跡でもあったと思います。

父との別れ

やがて父も、この人生に別れを告げる時がきました。

警察官だった父は、晩年は千葉市内に母と二人暮らしで、母が亡くなってからは長い間一人暮らしをしていましたが、２０１１（平成23）年8月30日、88歳の天寿《てんじゅ》を全《まっと》うし、静かに安らかにあの世へと旅立ってゆきました。

父の終わりは、あまりに唐突にやってきました。

父が85歳を超えた頃から、妻は心配して常に父の様子を電話で尋《たず》ねていました。しかし、少しずつ体力が衰《おとろ》え、「身体の調子がどうもいま一つなんだ」「電車やバスに乗るとどうしても座らずにはいられなくなった」ということを聞くようになり、近所の病院へ行くことも増えてきました。

2011年8月、いつものように父の様子を心配して電話した妻に、父は「体調がよくない。明日、病院へ検査の結果を聞きに行くが、あまりよくない状態のようだ」と、これまでになく弱々しい声が返ってきました。

妻が「病院に一緒に行きましょうか」と聞くと、普段の父なら人に迷惑をかけることを嫌《きら》って、すぐに「その必要はない」と断《ことわ》るのですが、その日はすんなりと「ああ、そうかい、頼むよ」と、半ば懇願《こんがん》するような返事だったので、妻は驚いたのと同時に、父がただならぬ状態であることを察して、その夜は心配でまんじりともしなかったと語っていました。

翌日、妻は、電車やモノレールを乗り継いで2時間かけて父の元へ駆《か》けつけました。

その間、「どうか、お義父《とう》さんに何ごともありませんように、神様お守りください」と祈り心で出かけた妻でしたが、父の顔を見たとたん、大きなショックを受けました。身長180センチ、体重は100キロ近くもあった父が、ほんのしばらく見ないうちにげっそりとやせ、頬《ほお》はこけ、手も皮だけが残って骨が浮き出ていたのです。

それでも妻の顔を見ると、父はニコニコしてうれしそうに迎えてくれたそうです。しかし、もうすでに食事はまったく喉《のど》を通らず、唯一《ゆいいつ》、牛乳だけは飲めると言うので、妻はすぐに買いに走りました。

その道すがら、「最後に牛乳だけが飲めるなんて、お義父さんは、やはり北海道の人なんだなあ」と、父と牛乳とふるさと北海道がつながり、胸が熱くなったと言っていました。

そして、千葉駅から病院まで行くタクシー乗り場まで200メートルほどの歩道を、初めて父の手を引いて歩きました。

父もしっかりと妻の手につかまり、頼り切っていたそうですが、手を引きながら妻は、かつてあれほど父を恐怖し、心を閉ざし、母が亡くなったときは「もう金輪際《こんりんざい》関わりを持ちたくない」と思ったこともすっかり忘れて、それどころか、今、こうして父との絆《きずな》を感じ、父が愛《いと》おしいと思えることに心からの感謝の想いが湧《わ》いてきたとのことです。

病院にいる妻から連絡を受けた私は、すぐに駆《か》けつけました。

それまで「あんなに元気な父が、あっけなく帰ってしまうなんてあってたまるか」と、父のことを楽観していましたが、病院で父と対面した私は、一瞬凍《こお》りついてしまいました。

少し前に会ったときの面影《おもかげ》はなく、表現は悪いのですが、産まれたばかりのチンパンジーの赤ちゃんのような顔になっていたのです。

「お父さんの身体はもうこんなになってしまったのか……。あのとき何でお父さんの様子に気づかなかったんだろう。お父さんもつらかっただろうに」と、父をないがしろにしてしまったことが悔《く》やまれました。

8月12日のことでした。暑い夏の真っ盛りで、私は会社の夏休みの前日でした。

検査の後、担当医から説明を受けました。

「身体が大分弱っていますが、88歳という高齢でもあり、何も治療ができないので、自宅でご家族が看護して上げてください」と入院の許可が下りませんでした。

しかし、その後、父を受け入れてくださる病院が見つかり、どう考えても実現するのは難しいと思えるのに、次々とドミノ倒しのように道が開いたことは本当に不思議でした。本当に有難く、うれしくて、神様に心から感謝しました。

精密検査を受けて、初めて私たち夫婦に父の病名が告《つ》げられました。

末期の肺がんで、しかもがんは胃や大腸、膀胱《ぼうこう》にも転移し、内臓もかなり弱っていました。

父は、そのような状態になっても、まだ自らの身体にムチ打ち、私たちに迷惑をかけまいとして、必死で頑張って一人暮らしを続け、妻が電話をしなければその後も自分からSOSを出すことはなかったと思います。

気づかないうちに旅立っていたかもしれないと思ったとき、「ああ、救われた！」という想いとともに、ただ頑固なだけでなく、どこまでも子を想う父の愛情を感じずにはいられませんでした。

かつての父は、自分が正しいと思ったら、テコでも動かさない確固とした信念の持ち主でした。いつくかの宗教を回り歩いた時期があったことも、自分の考えに誤りがないことを証明したいという想いがあってのことだったようです。

耳が聞こえない私のために何が大切なのか、何をしなければならないのか、父はいつも思い悩んでいました。あらゆるところから情報を仕入れ、自分なりに判断し、決断してきました。

その決断が私にとっては不満であっても、父自身が正しいと思い込んだことについては、私の意見を聞こうとしませんでした。それが、私の父に対する「恨《うら》み心」を生む始まりとなりました。

当時の私は、「悪いのは父、私は被害者」という想いが強く、父の言うことに常に反発していました。

「結局、父は周りの人たちと同じだ。聞こえない私のことなんかわかってくれないんだ」

そんな気持ちが私の心を覆《おお》い、いつしか父とは疎遠《そえん》になってゆきました。

母が亡くなって父が一人暮らしを始めてしばらくしたとき、父のことを「かわいそう。でも、いつかは音《ね》を上げて私たちに助けを求めてくるに違いない。自分で蒔《ま》いた種じゃないか」と、非情にもそう思っていました。

しかし、その父が、高橋先生にお会いし、「魂の学」を学ぶようになって、自分の人生や生き方に疑問を持つようになり、その後は、持ち前の探求心で、熱心に「魂の学」を学ぶようになりました。

そして、父が変わり始めたのです。「絶対に変わることはない」と思っていた父が変わり始めたことは、私にとって大きな衝撃でした。

その衝撃を決定的にしたのが、先に少し触《ふ》れましたが、私たち夫婦と父が参加した学びの場での出来事、そしてそこでの高橋先生との対話でした。

高橋先生とお会いした父は、自分自身を振り返り、また母との関わりを見つめ直す時を頂き、同時に私も両親との関わりを見つめ直す時を頂きました。

そして、肩を震わせて泣く父の姿に、高橋先生は「これが本当のお父さんよ」とおっしゃいました。その言葉が私の魂を直撃し、「私は父の何を、どこを見ていたのだろうか……」という後悔と、自分自身への悔《くや》しさとも言うべき想いがない交《ま》ぜになり、呆然《ぼうぜん》とその場に立ちすくんでしまいました。

そして、そのとき初めて思い出したことがありました。

日本聾話《ろうわ》学校へ通《かよ》っていた頃、父はたまにしか東京へ来ることはできませんでしたが、東京にいる間は私の面倒を見てくれ、私の学校の勉強に付き合ってくれたりして、日頃頑張っている母を懸命に労《ねぎら》っていたこと。また、日本聾話学校の夏休み直前に母が急性盲腸炎に罹《かか》り、父が北海道へ私を連れて帰ってくれたこと……。そんな幼かったときの父のやさしさが改めて思い出されました。

それまで父がしてくれた一つ一つが私への愛情だったと感じられたこと、母とは違った形の愛情で接《せっ》してくれた父だったのだと感じられたことが不思議でなりませんでした。

しかし、そんな父の愛情に背《そむ》くように生きてきた私――。尽《つ》きることのない後悔と感謝が湧き上がりました。

会社が夏休みに入った最初の日に、父は病院に入院しましたので、夏休み中は毎日病院に通いました。

父の傍《かたわ》らで時を過ごすことが多くなり、父とのこれまでの関わりや想いを見つめ直すことができました。

この父であったからこそ、耳が不自由であってもここまでの教育を受けることができ、今の私があること。そして、自らも苦労の多い人生だった父が、その一つ一つを引き受け、さらに私たち家族を守り続けてくれたこと。

私の中には、すでに父への感謝の想いしかありませんでした。

入院して2週間がたった頃、担当医と相談して、緩和《かんわ》医療ケアを受けるために、上野駅近くの永寿《えいじゅ》総合病院に転院することになりました。

そのとき、父はすでに自分の病名を知っていましたが、さらに詳しい検査の結果を知ることになりました。

担当医からの説明に納得したかのように、そして時折うなずきながら、病状を一言も漏《も》らすまいと真剣に聞いていました。

その父の姿に、かつて私たち夫婦が病名を告知したときの母の姿が重なりました。

転院は8月29日でした。永寿総合病院へは、妻が通院して看病しました。

その間、父は妻にこう言ったそうです。

「死ぬことに恐れも動揺《どうよう》も何もない。このような気持ちであの世に帰ることができるのは、何と有難いことか。この人生で高橋佳子先生にお会いできて本当に幸せだった」

それを聞いた妻は、「お父さんは覚悟を決めたんだと感じた」と言いました。

父は、その日も私のことを案じて「大丈夫だから病院に来なくてもいいよ」と言ったので、私はいつも通りに出勤しました。

ところが、まもなく「昏睡《こんすい》状態に入った」と連絡があり、すぐに病院に駆《か》けつけました。

その日の夕刻、私は、不思議な光景を目の当たりにしました。

病室にいた私たち夫婦と兄は、父が安らかに旅立ってゆけるように、高橋先生の『新・祈りのみち』の中の「臨終のときの祈り」を一緒に祈っていました。

すると、祈りが終わった直後、突然、父はカッと目を見開き、天井の一点をジーッと見つめたのです。

その父の様子にびっくりした私たちは、「お父さん、お父さん！」と何度も呼びかけましたが、父は身じろぎもせず、天井を見つめたままでした。

父は、傍《そば》で父を揺さぶった私に、そっと顔を向けました。

私を見て、またすぐに天井を見つめたかと思うと、再び瞼《まぶた》を閉じてしまいました。

父の驚き様は尋常《じんじょう》ではありませんでした。

その場にいた兄も私たち夫婦も、その様子から、「父はもう一つの世界、これまでに見たこともない世界を垣間《かいま》見たんだ」という確信を持ちました。

後に高橋先生は、父があの世の「光」を見ていたことを教えてくださいました。

それからほどなくして、駆《か》けつけた兄嫁や孫たち、そして叔母に看取《みと》られながら、頬《ほお》を伝わる一すじの涙とともに、父は静かに息を引き取りました。

何の苦しみもなく、静かに、すべて吹っ切れたように旅立った、見事な最期《さいご》だったと思います。


札幌商業高校を卒業し、警察官になろうとは微塵《みじん》も思っていなかった父が、ひょんなことから警察官となり、しかも退職したときの階級は、最上級から数えた方が早いほど出世していました。退職直前の最後のポストは、警務部長という県警トップクラス級でした。

そこまで昇るには厳《きび》しい競争を勝ち抜かなければなりません。

しかも聴覚障害児を抱《かか》えた家庭を持ち、世の中のルールや常識がよく理解できなかった私が、いろいろな問題や困難を引き起こし、その度に父が謝《あやま》りに行ったことも少なくありませんでした。

そういう父の苦しみを知らないまま、父に不平不満を言い続け、それでもなお、私のことを信じて耐《た》えてくれた父。私が何かを成し遂《と》げると、逆境を超えた成果と感じて、自分のことのように喜んでくれた父。知識による学問だけで終わらず、何か体験させてやりたいとモーターショーを見に連れて行ってくれたり、サイクリングにも一緒に行ってくれたりした父。

思い出とともに、私にかけてくれた父の愛情が次々と蘇《よみがえ》ってきました。

そして、父と共に高橋佳子先生のもとで「魂の学」を学ぶようになり、私も父と切《せっ》磋《さ》琢《たく》磨《ま》し合える同志となれたことは本当に幸せだったと思います。

かつての父は、他人を厳しい目で見るところがあり、足りないところがあるとすぐに罵《ば》倒《とう》し、正論で責《せ》めていました。

そのため、父は人から敬遠されて孤独になっていましたが、「魂の学」を学んで自らの人生を深く理解するようになってからは、角《かど》が取れたように丸くなり、人に好かれるようになりました。

父の歩んだ人生――。

それは苦難多き人生でしたが、それゆえにやさしさを抱いた人生であり、また逆境に負けない強さを育んだ人生でもあったと思います。

父の人生に乾杯！　ありがとう、お父さん。

講演会を開催する

母校の非常勤講師を引き受けてから5年目の1993（平成5）年、「歯科技工科のPTAで講演をしてほしい」という依頼を頂き、「私の歩んできた道」というテーマで、1時間ほど話をさせていただきました。

母が亡くなった翌年のことでしたので、耳の不自由な私をここまで育ててくれた母に対する感謝の気持ちを込めてお話ししました。

また、PTAの皆様にお話しさせていただくことは、生前はできなかった母への恩返しのような想いもあり、また、私が聴覚障害をどのように受けとめてきたのかということを、これから巣立ってゆく学生さんにも伝えたいという願いもありました。

その講演会は、うまくいったかのように見えましたが、実は準備不足で、私自身、心のどこかで不充足感を感じながら終わりました。

そのため、「いつかもう一度お話しさせていただきたい」と願っていたところ、妻の友人で都内の小学校のＰＴＡ役員をしている方から講演の依頼を受けました。

それは、区の教育委員会が主催し、区内の隣接《りんせつ》する小学校ＰＴＡと合同で開かれる「家庭学級」という学習の場でした。

お話があったとき、普通学校のＰＴＡでのお話は初めてであり、障害がない子どもの親御さんが聞き手ですから、耳の不自由な私がお話しさせていただくのは場違いのような気持ちがありました。

それだけでなく、私が人生を通してずっと持ち続けていた、聞こえる人たちに対する壁、その壁が一気に立ちはだかってくるような恐怖も感じていました。

「伝わらなかったらどうしよう。バカにされたくない。笑い者になりたくない」

そんな想いが心の中を駆《か》け巡《めぐ》りました。その心を建て直して、何のためにお話をさせていただくのか、もともとの願いに戻りました。

そして、率直に私の気持ちを役員の皆様にお話しすると、「何の障害もない私たちが、障害を持った人たちに何かできることはないか、お話を聞くことによって少しでも知ることができたら」ということでした。そして、それがこの講演の一番の目的だとお聞きして、「精いっぱい心を尽《つ》くそう」と心を定め、引き受けました。

手話をまったく知らない、また聴覚障害者を知らない人たちに、自分の声で話して本当に伝わるのだろうかという心配を拭《ぬぐ》いきれないまま、もし伝わらなかったときのために、妻の逆通訳も準備して話し始めました。

ところが、私が話し始めますと、何と私の一言一言をメモされる方、涙を流していらっしゃる方など、どの方も真剣に聞いていらっしゃいました。

1時間ほどの講演でしたが、私の口話が、普通校でも通用したことへの驚きとともに、人を信じることの大切さを教えていただきました。それは、その後の講演会への大きな自信につながってゆきました。

そして、日本聾話《ろうわ》学校時代の松沢先生の指導のすごさを改めて感じずにはいられませんでした。

私をここまで育ててくださったことの意味。だからこそ私が為《な》さねばならない人生の仕事。それが何なのかを真剣に考えるきっかけを頂いた講演会でした。

少し時間が飛びますが、1999（平成11）年、母校のPTAから再度の講演依頼を頂きました。

卒業生の講演は1人1回と決められていましたので、すぐには信じられない気持ちでしたが、前回の講演では何か物足りない想いを持って終わっていたので、今度はコンピュータを使って74枚のスライドをつくり、話す内容をすべて文字で見えるようにしました。

さらに、聞こえない学生たちにはFMのイヤホンを使い、また手話も使うなど、念を入れて準備をしました。

そこに来られた方々は5年前と同じではありませんでしたが、5年前の講演の懺悔《ざんげ》の気持ちも込めて、私の歩んできた道、そして私にとって人生の師と言うべき高橋佳子先生との出会いによって、私の心にどのような変化が訪れたか、私の人生がどのように変わったか、そのことを伝えることができました。

学生さんもご父兄の方々も、私の話を涙しながら聴いてくださいました。

講演が終わり、感想や質問の時間になったとき、あるお母さんがこうおっしゃいました。

「私はこの子に対して一生、十字架を背負って生きるような気持ちでした。それ以外、罪の償《つぐな》いようがないと思っていました。でも、たとえ私が十字架を背負って歩こうとも、この子の苦しみを癒《いや》すことはできないんです。でも、この子の人生にも、私たち親の人生にも、意味と願いがあったことをお聞きして、とても癒《いや》されました」

そのお母さんの言葉は、私の心に強く響きました。

そして、「ああ、私の母も、同じ苦しみをずっと抱《いだ》きながら私を育ててくれたんだ」と母に対する郷愁《きょうしゅう》と感謝の想いがあふれました。

そんな想いに浸《ひた》っていた私に、歯科技工科主任である三好先生が、窓際の一番後ろの席を指さして、「あなたのお母さんは、役員会に来るといつもあの席に座っておられましたよ」とおっしゃったのです。

胸の奥から熱いものが込み上げました。もしかすると、今も母はその席で私の話を聞いてくれているかもしれないと思いました。

その後、2000（平成12）年6月に出版させていただいた拙《つたな》い半生記『こころの声が聴きたくて』を読まれた方から、「大変感動しました。会場を提供しますから、ぜひお話ししていただけないでしょうか」というお話を頂いたのがきっかけで、講演活動が始まりました。

地元の東京都墨田区から始まった講演会でしたが、そこに参加された方が次に伝えてくださることから広がり、講演会開始から5年間で41回になりました。北は新潟県、南は沖縄まで行かせていただきました。

その41回の講演会を通して頂いた多くの皆様との出会いは、どれ一つをとっても私にとって忘れがたい尊《とうと》い出会いです。何より、その人生の重さとかけがえのない魂の輝《かがや》きを内に秘めたお一人お一人であることを教えていただきました。癒《いや》され、励《はげ》ましていただいたのは私たちの方でした。

『こころの声が聴きたくて』を出版してから最初の講演会は、2001（平成13）年3月31日、桜の花が咲き出したというのにみぞれが落ちる寒い日でした。

3月生まれの私にとって、しかも、生まれた日を彷彿《ほうふつ》とさせるような真っ白な雪に覆《おお》われた日に、1回目の講演をさせていただくことに不思議な因縁《いんねん》を感じずにはいられませんでした。

会場は墨田区の中小企業センター。午後1時開始のプログラムに向けて準備を進めていました。

窓の外はピンクの桜に雪。そのきれいな景色に目を奪《うば》われましたが、次の瞬間、現実に戻り、この天候では、聞きに来てくださる方々も躊躇《ちゅうちょ》されるのではないかという想いが湧《わ》いてきました。

申し込み制ではありませんでしたから、蓋《ふた》を開けてみなければどなたが来てくださるのかわからず、なおさら不安は募《つの》りました。

「魂の学」では、何かを始める前に必ず「ウイズダム」に取り組みます。

「ウイズダム」は、私たちがその場に対してどのような願いを抱《いだ》いているのか、それを明らかにするところから始まります。

例えば、そのときの私の願いは、「この場に足を運んでくださる皆様にとって、私の話が少しでもお役にたちますように、少しでも生きる勇気や希望となりますように」というものでした。

私は、湧いてくる不安に対して、この願いに戻り、祈りました。

その後、受付が始まると次々と人が入って来られたので、私は我が目を疑《うたが》ってしまいました。「他の会場と間違って入って来られたのではないか」と思ってしまったほどでした。定員70名の会場でしたが、瞬《また》く間に満席となり、熱気に包《つつ》まれた場となりました。

「雪という悪条件である上に、無名の私の講演会にいったいどれくらいの方が参加してくださるのか……」という不安は吹き飛び、日曜日を返上して応援してくださった福祉課の方や、会場のお世話をしてくださった仲間も胸をなでおろし、感謝の想いに満たされた1回目の講演会となりました。

その日参加された方々の中に、あるご夫婦がいらっしゃり、ご主人は講演の間、ずっと涙を拭《ぬぐ》われていました。後でお話をお聞きしますと、多くの心労が重なり、長い間引きこもりのような状態だったとのことでした。

そのご主人が重い口を開いて、「今日は本当に来てよかったです。私ももう一度生き直してみようと思います」とおっしゃったのです。

その言葉をお聞きしてうれしかったのは私の方でした。

ご主人は、その後、すっかり元気になられ、仕事にも復帰されて現在も頑張っていらっしゃるとお聞きしています。

さらに、これまで開催していただいた講演会には、それぞれ特色があり、また忘れがたい出会いもたくさんありました。その中のいくつかを少し紹介させていただきます。

15回目の講演会のときのことでした。

ある企業の社長さんからの依頼だったのですが、会社の中でも外国人の社員を対象にしたものでした。

私の英語は初級レベルで、しかも発音はまったく駄目《だめ》。そもそも50年も前の私の人生から現在に至《いた》る話を外国の方に理解していただけるのだろうか……。

「自信がないので辞退したい」と申し出たところ、「通訳は引き受けますので大丈夫です」とのことでした。「ならば、あとは国は違っても心は一つ。それを信じて、心から心へ精いっぱい届けよう」と気持ちを定め、祈り心でお引き受けしました。

当日は、夏休み期間中でしたので、社長の息子さんやその友人でアメリカから遊びに来ていたハイスクールの子どもたち10人も一緒に聞きに来てくれました。

『こころの声が聴きたくて』という演題を、「Yearning to Hear the Voice of the Heart」と英訳して、話の内容もあらかじめ英語に翻訳してくださいました。

そのお陰で、私が伝えたかったことがハイスクールの子どもたちの心にも伝わったと知ったとき、「たとえ国の違いはあっても、人間はみんな同じように心の中に痛みや悲しみ、多くの困惑を抱《かか》えている。そして、なぜ自分がこの痛み、苦しみを味わわなければならないのか、なぜこの人生だったのか、そのことに疑問を抱《いだ》き、それを解く鍵《かぎ》を探しているんだ」と感じ、障害を持っている自分だけが誰《だれ》よりもつらいと思っていたことを恥《は》ずかしいと感じました。

ハイスクールの18歳の女性の感想です。

「とても感動的なお話でした。松橋さんは考え方を変え、今は本当の幸せを生きています。それまでの道のりは長く、多くのことを克服されてきました。私は自分が落ち込んだとき、あなたをお手本として尊敬し、想いを馳《は》せたいと思います。あなたは素晴らしい人生を築《きず》き上げ、人間としても素晴らしい方になりました。お会いできたことを誇《ほこ》りに思っています」

また、アフリカのガーナから来た男性は、次のような感想を書いてくださいました。

「病気になったり悲劇に見舞われたりすると、多くの人はあきらめてしまいます。でも松橋さんはあきらめませんでした。彼は自分の内を見て、『生きる』挑戦をしてゆきました。そして、同じような境遇にいる人に援助の手を差し伸べました。とても印象的でした。お母さんのサポートも素晴らしいものでした。松橋さんが生きる真の意味、目的を見つけられたことは素晴らしいことです。彼がそうであったように、なぜ子どもの頃、苦しまなくてはならないのか？ 神を信じさえすれば私たちも変わることができ、その人生を意味あるものにすることができます。松橋さんから学ぶことは多く、感謝しています」

別れ際、この男性は「ぜひ私の国ガーナでもお話ししてほしいと思います。きっと多くの人たちが癒《いや》されるでしょう」と涙をためておっしゃいました。

お寺での講演会——末期がんの女性との忘れがたい出会い

また、新潟県新発田《しばた》市の古刹《こさつ》で講演させていただいたこともありました。

そこのお寺の住職さんが私の本を読んでくださり、「8月のお盆に寺をあげての法要があるので、そのときに集まる皆様にぜひお話をしてほしい」ということでした。

その法要は、昔から続いている「放生法会《ほうせいほうえ》」と言って、お寺の近くを流れている川で灯籠《とうろう》を流して行うそうです。

講演会場は、お寺の中の畳《たたみ》50畳《じょう》敷《じ》きぐらいの広い本堂でした。

お寺でお話しさせていただくのは初めてでしたし、8月、夏の真っ只中《ただ》で、しかも特に暑い日でしたので、準備も汗だくでした。

しかし、時間になりますと、ご近所などから200名以上の方々が来られました。

お寺にあるすべての扇風機を回し、またあちらこちらで団扇《うちわ》や扇子《せんす》を扇《あお》ぎながら、という風景の中での講演会でした。

炎天下、照《て》りつける太陽。終わった後、妻が「今日は、外で元気に鳴く蝉《せみ》とジョイント？　だったね」と言うので、思わず笑ってしまいました。

また、司会は袈裟《けさ》を着た住職さんというのも、何ともユニークでした。

現在の住職さんはじめ、90歳になられる先代の住職さん、またその場に法要のために来られていた多くのお坊さんの前でお話しさせていただくのは、まさに釈迦《しゃか》に説法で、緊張の連続でした。

しかし、お話しさせていただくと、あちらこちらでお坊さんたちが涙を拭《ぬぐ》われている姿が目に入ってきて、私自身が驚いてしまいました。

そしてそのとき、生涯忘れられない出会いが訪《おとず》れました。

住職さんの知り合いの女性で、末期がんのため余命いくばくもないという方が、私の本を読んで、ご主人に付き添《そ》われて病院の許しを得て来られていたのです。

自力ではもう一歩も歩けないその方のために、敷《し》き布団《ぶとん》が用意され、寝たまま聞いていただくことになりました。

途中で中座することもあり得ることを念頭に置いての参加でしたが、彼女は最後まで聞いてくださいました。

しかも終了後、信じられないことが起こったのです。

一歩も歩けなかった彼女が、玄関までの20メートルほどの距離を誰《だれ》の助けも借りずに自力で歩き始めたのです。

一歩、一歩、確かめるように畳《たたみ》を踏みしめて歩かれる度に、彼女の目から涙があふれ、畳に落ちてゆきました。その姿に、私も妻も涙が止まりませんでした。

周りにいた人たちから大きな拍手が湧《わ》き上がり、どの顔も感動の涙でクシャクシャになっていました。

付き添われて来たご主人や住職さんは、「到底《とうてい》考えられない」と驚いていました。人間の中に眠っている計《はか》り知れない可能性、思いもかけない奇跡を生み出す力がその内に潜《ひそ》んでいることを教えていただいた、本当に尊い出会いでした。

彼女が別れ際におっしゃった「私も最後まで精いっぱい生きてみます」という言葉と、神様に託《たく》しきったようなさわやかな笑顔は、今でも私の心にはっきりと焼き付いています。

さらに各地で続く講演会――女子大、小学校、各種団体

また、なぜ女子大学ばかりからご縁を頂くのだろうと不思議に思うほど、数回にわたっていくつかの女子大学からお招きいただきました。ほとんどが授業の一環《いっかん》としての講演でした。

ある有名女子大学でのことです。「400名以上の女子学生が一堂に会して」ということで、いったいどのような場になるのか、不安がよぎりました。

周囲からは「若い女子学生に囲まれるなんて羨《うらや》ましい」などと冷やかされましたが、私にとってはそれどころではありません。

当日、会場には今風の洋服に身を包《つつ》んだ女子学生がワイワイガヤガヤといった感じで入ってきました。手にペットボトルや菓子パンを持った学生さんの姿も目に飛び込んできます。

一瞬、「この子たちは、私の話を聞いてくれるのだろうか。単位に影響するから仕方なく来ているんじゃないだろうか……」という想いがよぎりました。

担当の教授から、「実は……」ということで、「今までこのような講演を何人もの方にお願いしてきているのですが、途中からおしゃべりが始まったり、眠ってしまったりする学生もいて、ご迷惑をかけてしまったことが何度もあるんです。もし、今回もそのようなことがありましたら、本当に申し訳ありません」と言われていたことも心に引っかかっていたのです。

しかし、ここでも、もともとの願いに戻って心を建て直し、「少しでもここに来られる皆さんが、心の内よりまことの願いや生きる勇気、希望を引き出してゆくご縁となれますように」と祈り、話を始めたところ、間もなく会場は水を打ったようにしんと静まり返り、ものすごく集中した場となりました。

以下は、ご自身も足に障害を持った女子学生が書いてくれた感想です。

「障害を持ってしまったことを不幸だと感じる心こそ不幸、という言葉が心に突《つ》き刺さりました。私は生まれつき右足の十字じん帯が十字ではなく、まっすぐについているため、みんなと同じように思いっきり走れず、突然倒れたりします。松橋さんの苦労とは比べものになりませんが、私もかつての松橋さんのように、『こんな足がなければ私の人生は違っていたのに』とか、『足を心配せずに走れたらどんなに幸せだろうか』と思ってしまいます。でも、今日のお話を聞いて、そう考えてしまう私の心が不幸だったんだと気づきました。私が転《ころ》んだときも手を差し伸べてくれる人に対しても感謝するどころか、『何で転んだのかも知らないくせに』とイラつく想いすら持ってしまうこともありますが、それが恐ろしいくらい不幸な心だと今日はっきりわかりました」

また、ある学生さんは、

「なんてきれいな日本語なんだろうと思いました。こんなにきれいな日本語を聞こえない方から聞くとは思いませんでした。そして、『聞こえないことを不幸だと思うその心が不幸だ』という言葉が心に響きました。私はまだ20年ほどしか生きていませんが、今までのことを振り返っていました。松橋さんは、同じ障害を持った人だけでなく、傲慢《ごうまん》な私の心を救ってくれました。感無量で、これ以上は何も書けません。心が洗われ、自然に涙がこぼれました」

同じようなたくさんの感想文がありました。

つたない私の話をここまで真剣に聴いてくださり、しかもたとえ20年ほどの短い時間であったとしても、その人生を振り返り、後悔や感謝を刻《きざ》みながら耳を傾けてくれた学生たちの気持ちを知って、人間を外側だけで判断してしまう自らの傲慢《ごうまん》さが打ち砕《くだ》かれる想いでした。

ここでも「人間は中身空《から》っぽではない。一人ひとりは、その内側に計り知れない可能性を抱《いだ》く素晴らしい魂の存在であること」を教えていただきました。

本州以外で初めての講演は、日本公文《くもん》教育研究会沖縄支部主催のものでした。

公文沖縄支部の中にも障害児のための教室があり、障害児教育セミナーのプログラムの冒頭でお話しする機会を頂いたのです。

講演の前、いつもナレーションを
務めてくれている妻と打ち合わせ。

その後、障害児を抱《かか》えた親御さんの体験発表が行われましたが、私自身が幼《おさな》かった頃の母の姿が重なり、思わず涙がこぼれ、大変感動した場でした。

今でもお世話してくださった局長さんや次長さん他皆様のお顔が即座に浮かんでくるほど、うれしい出会いでした。


また、これまで小学校から講演の依頼を頂くことも多くありました。子どもたちとの出会いを通して、幼い子どもの中にある素晴らしい可能性、否《いな》、子どもとして見ている私たち大人の目には見えなくなっている存在の光とも言うべきものを見せていただく想いがして、本当に感動しました。

その中で、東京都墨田区の小学校の先生方、そして生徒さんとの出会いも忘れがたいものとして心に残っています。

以下は、4年生男子の感想です。

「つらいこともいろいろあったと思います。でも松橋さんはくじけず、あきらめず、ずっと音のない世界で一生けん命生きてきました。松橋さんが教えてくれた3つの言葉、『こうだったから、こうなってしまった』『こうだったけど、こうなれた』『こうだったからこそ、こうなれた』という言葉を心に入れてこれからも生きてゆきたいです。すばらしいお話を聞かせてくれてありがとうございました」

また、4年生の女の子は、

「私は松橋さんのお話を聞いて、いろいろなことがわかりました。たとえば聞くということは相手の気持ちを受けとめるということで、私もみんなも、そのことができないんだなと思いました。松橋さんは、耳が聞こえないのに、相手の気持ちを受けとめようとしていることがすごいと思いました。相手の気持ちを受けとめなければ、友だちをなくすことになるんだと思いました。気持ちを受けとめてあたたかい言葉をかけなければ、一人ぼっちになってしまいます。松橋さんがみんなに言いたかったのは、このことではないかと思いました」

小学校4年生がこのように理解してくれたことに、本当に驚きました。目のうろこを何枚も剥《は》がしてもらった想いでした。

また、新潟県の佐渡にお招きいただいたこともあります。開催するにあたって多くのハプニングもありましたが、その一つ一つを誠実に引き受け、クリアしてくださった主催者のロータリークラブの会長さんや、クラブメンバーの皆様との出会いも、忘れがたいものでした。

たった2日間ご一緒しただけなのに、最後はまるで親しい家族と別れるかのような寂《さび》しさを感じずにはいられませんでした。

佐渡のあちこちを案内してくださりながら、会長さんは「佐渡の真っ赤な夕陽が、水平線に沈《しず》む瞬間が最高なんですよ！　まるで『ジュ！』と音を立てて沈むみたいですね。ぜひその瞬間を見ていただきたいですね」と言われ、その現場に連れて行ってくださったのですが、雲がやきもちを焼いたのか、太陽が恥ずかしかったのか、厚い雲に覆《おお》われて残念ながらその光景を見ることは叶《かな》いませんでした。

しかし、それ以上に会長さんの人間的な温もりと、故郷、佐渡への愛情に感動したのでした。

講演会当日は、200名の会場がほぼ満席で、ここでも多くの皆様との思いがけないうれしい出会いがありました。

帰りに港まで車で送ってくださった会長さんは、桟橋《さんばし》で私たちの船が見えなくなるまで手を振って見送ってくださいました。「心を通い合わせるというのは時間の長さではないんだ」ということを教えていただく想いでした。

以下は、その場に参加された44歳の女性の感想です。

「とても耳が聞こえない人とは思えませんでした。多くの方の助力でここまで生かされてきた人生ということを本当に深く感じることができました。人が怖くてなかなか心が開けず、世界に飛び込んでゆけない私ですが、生かされている今、私も何か社会や人々にできることがあるかもしれないという希望が湧《わ》いてきました」

また、27歳の女性の方です。

「私も、こうだからこうなってしまったと、自分の人生をとても後悔していました。しかし、今日のお話を聞かせていただき、人生を生きる意味や、試練から学ぶ意味を考えさせられました。その答えを見つけるまでには相当の時間が必要だと思いますが、その答えが見つかったとき、人は人としての輝《かがや》きを見つけ、前向きに生きてゆけるのだと思います。いのちというものは、とても大きなものですね。松橋さんのお話を聞きながら、今の自分と重ね合わせて、『こうだったから、こうなってしまった』という生き方から『こうだったからこそ、こうなれた！』という生き方をしてゆきたいと思います。松橋さんがとても輝いて見えました。素敵な言葉をどうもありがとうございました。本当に感動しました」

海外でも伝える——アメリカ・サンフランシスコにて

そして、この後も講演活動は途切れることなく続き、2015年2月で90回を超え、すでに1万2000名の皆様にお話を聞いていただきました。

その一つ一つの出会いが私にとって本当に忘れがたい、そして、かけがえのない出会いばかりです。

私の講演会は、1回目に来てくださった方が2回目をつないでくださり、2回目の方が3回目、という具合につながって、ここまで続いてきました。

2013（平成25）年には、アメリカのサンフランシスコで開催された「2013高橋佳子講演会　映像の集い」（テーマ「Japan NEXT——1億総自己ベストの時代」）にお招きいただきました。

高橋先生の講演映像に先立つ前半プログラムの中で、高橋先生が私と対話してくださった内容や私自身の58年の人生の歩みが映像構成にまとめて放映されました。

その放映が終わったあと、私が短いスピーチをさせていただきました。

会場の約半数は、ネイティブのアメリカ人でした。私の話は通訳を介《かい》して流れましたが、参加者の皆さんは、微動だにせず集中して、私の話を聞いてくださいました。

このように外国で地元の人たちの前でお話をすることは、以前の私には想像もできないことでした。

しかし、耳が聞こえないという条件を背負いつつも、一人ひとりの魂の内には思いがけない可能性が眠っていること、そしてその力をここまで引き出してくださった高橋佳子先生と「魂の学」に出会えたことの幸せを深く噛《か》みしめています。

そして当初、「少しでも人様のためにお役に立ちたい」と大それた願いを抱《いだ》いてお話を始めた私でしたが、実際は、どの場におきましても、自らが砕《くだ》かれ、私自身が勇気や希望や励《はげ》ましを頂くばかりでした。

そして、人間は本心で語るならば、世界は必ず本心で応《こた》えてくれる。

その実感も、この13年間の講演活動を通して教えていただいた何よりの宝です。

また、皆様からお寄せいただくお気持ちや感想シートも、不思議なほど希望と勇気を頂く言葉ばかりで、本当にもったいない想いに駆《か》られます。

だからこそ、ご指摘やご批判のお言葉をこそ、私への「呼びかけ」と大切に受けとめ、今も、これからも肝《きも》に銘《めい》じてゆきたいと思っています。

そして、たとえ一人でもいい、私のつたない話を聞くことによって元気になり、希望や勇気を感じる方がいらっしゃるならば、私はどこにでも赴《おもむ》かせていただき、なお一層、誠実に、真心を込めてお伝えしたいと思っています。

これまで未熟な私の話に耳を傾けてくださった全国の多くの皆様に、ここで心から感謝を捧《ささ》げたいと思います。本当にありがとうございました。

そして、この本を読んでくださった読者の皆様お一人お一人と、どこかでお会いできますことを心より願っています。

おわりに――本当の自由、本当の幸せを知った者として

私は、物心ついたとき、すでに音のない世界に生きる人生が始まっていました。

生後3カ月、風前の灯《ともしび》だった私の命を救ってくださった旭川日赤病院の桜井多美子先生。電車の中で日本聾話《ろうわ》学校のことを教えてくださった親子。母と私を東京に送り出し、学ぶことを快諾してくれた祖父母。両親、幼かった兄、そして幼ろう児口話教育の先駆者である松沢先生との出会い。多くの恩師、その後に出会った方々……。

一見偶然とも思え、何の不思議も感じてこなかった一つ一つの出会いを思うとき、私の願いが花開く方向へと運んでくださった、見えない大きな力を感じずにはいられません。

現在では、高度な教育と血の滲《にじ》むような訓練のおかげで、聴覚障害があっても、声を出して話せるようになった方や、電話を使えるようになった方もたくさんいます。

ですから、聴覚障害者というだけで、なぜ私が半生記を出版するのか、疑問に思う方もいらっしゃるかもしれません。

しかし、1999（平成11）年7月、母校における講演会で、つたない私の話を真剣に聞いてくださった父兄の皆様が、涙しながら口々に語られた言葉が私の心を捉《とら》えて離しませんでした。

「あなたのお母さんのお気持ちは、私たち母親全員の気持ちです。我が子が聞こえないという障害を持ったことで、親子共にどんなにつらい日々を過ごしてきたかわかりません。そのつらい気持ちすら言葉にしてはいけないような、そんな想いで生きてきました。でもあなたのお話を聞いて、こらえていた涙が堰《せき》を切ったようにあふれて止まりませんでした。我が子と同じ障害を持ったあなたのお気持ちをお聞きし、そして私たち母親の気持ちを受けとめていただいて、本当に癒《いや》されました」

私のこれまでの人生をお伝えすることで、同じ痛みの中にある皆様が、たとえお一人でもその心が癒され、生きる勇気や希望を感じていただけるのなら、私にとってこれ以上の幸せはありません。

振り返れば、私はこれまで多くの人々の愛情によって、ここまで語れる言葉を頂きました。私の60年の人生は、間断なく愛され続けてきた、本当に有難い人生でした。

そして、私がずっと心に抱《いだ》いていた「人間は何のために生まれ、何を目的として生きるのか」、そして「私は何のために聞こえない人生を選び、そこにどんな目的や願いがあったのか」という問いに対する答えは、実は私自身の中にあったこと――。

それを明確に教えてくださった方が高橋佳子《けいこ》先生でした。

10年ほど前、高橋先生は、「汝《なんじ》の上に神の御業《みわざ》が現れんがためなり」というイエス様の言葉についてお話しくださったことがあります。

それは私の魂を揺《ゆ》さぶり、そこに私の聞こえない人生の原点があるように感じました。それ以来、私にとって、その言葉は「光」となり、「祈り」となっていました。

振り返ってみますと、この10年、高橋先生に導いていただいた「人生深化の3段階」、すなわち、①「こうだったから、こうなってしまった人生」から、②「こうだったけど、こうなれた人生」へ、さらに、③「こうだったからこそ、こうなれた人生」に向かう道ゆきこそ（本書の構成にもなっています）、実は、「神の御業が現れんがためなり」を生きる歩みだったのではないか――。今、そう思えるのです。

長い間、耳が聞こえない人生は、私にとって最大の苦しみ、試練であり、どうにもならない闇だと思ってきました。

しかし、魂の次元から見るならば、耳が聞こえない人生を選び取ること自体が私の光、願いだったのではないか。ならば、これまで自分の人生や、周りの方々に不平や不満を言ってきたことは、実は神様に対して不平や不満を言ってきたことになる。ああ、私は何と愚《おろ》かだったのだろう。何と申し訳ないことをしてきたのだろうか……。

そう思ったとき、私の中でガラガラと何かが崩《くず》れてゆきました。


この本を書き上げる少し前、会社で仕事をしていたとき、心の奥から突然、湧《わ》いてきた言葉があります。

「お金があれば自由だったか？ 地位や名誉があれば自由だったか？ 耳が聞こえていたら自由だったか？」

私は思わず、声を大にして神様に叫《さけ》びたい衝動《しょうどう》に駆《か》られました。

「いいえ、それらすべてがあっても、私の心は自由ではありませんでした。それは本当の幸せでもありませんでした。心の自由を取り戻すことこそが本当の自由、本当の幸せだったのだとわかりました！」

とても不思議な体験でした。

私は、この体験を決して忘れまいと心に刻《きざ》みました。

いかなる障害を背負っても、どれほど身体が不自由でも、すべての魂は平等に輝《かがや》きを放つことができる。否《いな》、差別という苦しみ、悲しみを味わったからこそ、その心の内に赤々と燃える魂の願い、真の平等、絆《きずな》という「光」を求め、その「光」を多くの痛みある方々のところへ運んでゆきたいという切《せつ》なる願いを生きることができる。

そのことを教えていただき、新たな人生の一歩を歩み始めた者として、私と同じ痛み、苦しみの中にありながら、その内に秘《ひ》める願いに気づくことが叶《かな》わない多くの仲間に、そして、様々な試練の中にあるすべての人々に、この本を祈りとともにお届けしたいと願っています。

最後になりましたが、これまで導き支《ささ》えてくださった高橋佳子先生、そして多くの皆様に心より感謝申し上げます。

そして、あの世に帰った両親へ——

「お父さん、お母さん、僕を生んでくれてほんとうにありがとう！」

主な参考文献

『いま一番解決したいこと』（高橋佳子著、三宝出版）
『新・祈りのみち』（高橋佳子著、三宝出版）
『天涙』（高橋佳子著、三宝出版）
『1億総自己ベストの時代』（高橋佳子著、三宝出版）
『魂主義という生き方』（高橋佳子著、三宝出版）

松橋英司（まつはし・えいじ）

1955(昭和30)年、北海道函館市に生まれる。日本聾話学校を経て、東京教育大学附属聾学校(現・筑波大学附属聴覚特別支援学校)歯科技工科を卒業。現在、歯科技工士として日本タイコニウムで働くかたわら、母校の筑波大学の非常勤講師として、歯科技工の指導にあたる。また、全国の多くの学校や企業、各種団体などで、精力的に講演活動を行っている。2013年にはアメリカ・サンフランシスコでも講演し、大きな反響を呼ぶ。

耳の聞こえない私が講演をする理由
―― 心の声を聴きたい、伝えたい

2015年4月12日 初版第1刷発行

著　者　　松橋英司

発行者　　仲澤 敏
発行所　　三宝出版株式会社
〒111-0034 東京都台東区雷門2-3-10
電話 03-5828-0600
http://www.sampoh.co.jp/
印刷所　　株式会社アクティブ
装　幀　　長澤昌彦
カバー写真　Kei Ogata

ISBN978-4-87928-099-2